Fundamentos de la Doctrina

Manual de Discipulado de Vida Cristiana

Dr. Javier Figueroa

Fundamentos De La Doctrina

Manual de Discipulado de Temas Esenciales de la Vida Cristiana

Publicación Independiente por Dr. Javier Figueroa

ISBN: 979-8-89589-717-1

Edición y Revisión: Dr. Javier Figueroa

Diseño Portadas & Interior: Benny Rodríguez (AcademiaDeAutores.com)

Categoría: Discipulado / Crecimiento / Vida Cristiana

Contenido

Introducción

"Y CONOCERÉIS LA VERDAD, Y LA VERDAD OS HARÁ LIBRES" (JUAN 8:32)

¿Qué cosa es la verdad?

La verdad realmente no es una cosa, es una persona. ¿Qué es la verdad? Fue la pregunta de Pilatos. La respuesta a esa pregunta estaba de pie frente a él. La verdad no es la suma de información o una serie de datos o hechos. Es una persona: Jesucristo. *"Yo soy el camino, yo soy la verdad y la vida"* (Juan 14:6).

La verdad no solo es racional, es relacional. La teoría religiosa que solo enseña acerca de Dios jamás podrá liberar el alma. La verdadera libertad se encuentra en conocerlo personalmente y experimentar su amor transformador. "Conoceréis la verdad, y la verdad os hará libres". Dios prefirió desenvolver su verdad relacional a través de las Escrituras y en una relación personal con hombres como Adán, Noé y Abraham, revelando su corazón. La revelación progresiva de Dios se entiende en los acuerdos entre Dios y el hombre, llamados pactos. ¿Qué mejor manera de desarrollar una verdad relacional que en el contexto de una relación personal?

La verdad es el resultado de buscar a Jesús

Esta verdad relacional es más que una experiencia. A pesar de su gran experiencia en el camino a Damasco, el apóstol Pablo no terminó su búsqueda de la verdad, sino que escribió "*... para llegar a conocerle y el poder de su resurrección...*" (Filipenses 3:10). Job, herido y en desespero, gritó "si yo pudiera hallar a Dios...". Jesucristo dijo, *"Bienaventurados los que tienen hambre y sed de justicia, porque ellos serán saciados"* (Mateo 5:6). El encontrar la verdad es el resultado de nuestra hambre por conocer a la persona de Jesucristo. No buscamos la verdad y encontramos a Cristo, buscamos a Cristo y encontramos la verdad.

La verdad es un camino. Es una jornada sin fin hacia el conocimiento de una persona. La persona de Dios. Todos los que estamos caminando en ese camino de relación con Dios nos encontramos en algún punto de ese camino. Según buscamos al Señor y buscamos las Escrituras, avanzamos. Cursos como este, fueron creados para ayudarnos a movernos en este camino, independientemente de si somos nuevos convertidos o queremos seguir madurando en el Señor. Siempre habrá más verdad para nosotros, independientemente del lugar en el que nos encontramos en este camino. Dice la Biblia en Romanos 11:33 que sus caminos son inescrutables.

Por eso es importante este curso, porque a pesar de que los creyentes seremos expuestos a una gran variedad de buenas predicaciones bíblicas, debe haber un sistema de búsqueda sistemática que nos provea un fundamento de donde podamos crecer y desarrollarnos en la relación con la persona de Jesucristo. Imagínese que se une en matrimonio a una persona de quien solo usted conoce unas letras en lápiz o tinta.

Es nuestra intención en este curso de búsqueda poder pintar un cuadro claro y completo del Cristo que mora en nosotros. Si usted es nuevo en el camino de la verdad, entonces usted ha comenzado una gran experiencia en su vida. Hay mucho paralelismo entre la vida de un nuevo creyente y cido. Es un acto criminal dejar abandonado a un infante en una tienda, en una casa o en donde sea; sin darle la atención y necesarios. De la misma manera, es una tragedia cuando la iglesia no puede nutrir o proveer el cuidado básico a los nuevos creyentes. Si los recién nacidos van a crecer fuertes y saludables, habrá que cuidarlos y alimentarlos bien con la verdad de la Palabra.

Si van a crecer saludables, habrá que cuidar la doctrina que se les enseña desde el principio, porque de lo contrario seguirá creciendo en una religión y estancado en la relación. Y no hay nada más triste que tener gente llena de buenas intenciones, pero igualmente llena de mala información o carentes de revelación y, por lo tanto, de transformación. La verdad trae madurez. La vida cristiana es como la describe Pablo en Efesios 4:13-15 *"hasta que todos lleguemos a la unidad de la fe y del conocimiento del hijo de Dios... crezcamos en todo en aquel que es la cabeza, esto es, Cristo."*

Es muy importante que estemos bajo cuidado pastoral si vamos a crecer. El mismo Jesús, que deslumbraba a los doctores e intérpretes de la ley aun desde su niñez, fue puesto bajo el cuidado de sus padres. La biblia enseña en Hebreos 13:17 que debemos someternos a nuestros pastores. Rechazar el cuidado pastoral es rechazar el plan de Dios para cuidarnos y desarrollar la relación con Él y además nos expone al error y a salirnos del camino en nuestro viaje a la verdad.

El ministerio que Dios ha dado a la iglesia, descrito a través de las diferentes oficinas u oficios ministeriales, según revelado en Efesios 4:11, contiene un propósito triple: *madurar, alimentar y motivar a los creyentes en sus propios llamados y ministerio.*

Solo cuando se equipa apropiadamente en la vida de los creyentes, es cuando ellos podrán moverse en el camino y crecer de la infancia espiritual a la madurez espiritual.

En la vida de cada creyente debe haber un momento en el que dejemos las cosas de niños (1 Corintios 13:11). Mientras somos cimentados y arraigados en los principios básicos de la fe *"ya no seremos niños fluctuantes que son llevados por todo viento de doctrina"* (Efesios 4:14). Según crecemos y maduramos en la fe, seremos capaces de levantarnos por encima de nuestros propios problemas y tribulaciones y alcanzar con poder y confianza la capacidad de ministrar a todo aquel alrededor nuestro.

MANUAL DE DISCIPULADO

FUNDAMENTOS DE LA DOCTRINA

VOLUMEN 1

LA NATURALEZA DE DIOS
LA NATURALEZA DEL HOMBRE
LA CAÍDA DEL HOMBRE

1

La Naturaleza de Dios

EL CARÁCTER DIVINO REVELADO EN SU ESENCIA

¿Quién es Dios?

Dios es el Creador y sostiene y gobierna el universo entero.

• Deuteronomio 4:39: *"Aprende, pues hoy, y reflexiona en tu corazón, que Jehová es Dios arriba en el cielo, y abajo en la tierra, y no hay otro".*

• Isaías 44:6: *"Así dice Jehová Rey de Israel, y su Redentor, Jehová de los ejércitos: Yo soy el primero, y yo soy el postrero, y fuera de mí no hay Dios".*

• Nehemías 9:6: *"Tú solo eres Jehová; tú hiciste los cielos, y los cielos de los cielos, con todo su ejército, la tierra y todo lo que está en ella, los mares y todo lo que hay en ellos; y tú vivificas todas estas cosas, y los ejércitos de los cielos te adoran".*

¿Cómo podemos llegar a conocer a Dios?

Conocer a Dios es el fundamental para una vida espiritual profunda. Exploremos cómo nos podemos conocer su naturaleza.

Podemos conocerlo porque Él habita en Su creación.

• Hechos 17:24-25; 27-28: *"El Dios que hizo el mundo y todas las cosas que en él hay, siendo Señor del cielo y de la tierra, no habita en templos hechos por manos humanas, 25 ni es honrado por manos de hombres, como si necesitase de algo; pues él es quien da a todos vida y aliento y todas las cosas..." "27 para que busquen a Dios, si en alguna manera, palpando, puedan hallarle, aunque ciertamente no está lejos de cada uno de nosotros. 28 Porque en él vivimos, y nos movemos, y somos; como algunos de vuestros propios poetas también han dicho: Porque linaje suyo somos".*

El deseo de Dios es poder tener comunión con todos, así como la tuvo con Adán y Eva desde el principio.

• Génesis 3:8a: *"Y oyeron la voz de Jehová Dios que se paseaba en el huerto, al aire del día"*

• Levíticos 26:12: *"Y andaré entre vosotros, y yo seré vuestro Dios, y vosotros seréis mi pueblo".*

Dios puede ser visto en lo que ha creado. Dios declaró todas las leyes de la naturaleza desde el principio.

• Salmos 19:1: *"Los cielos cuentan la gloria de Dios, y el firmamento anuncia la obra de sus manos"*

• Romanos 1:20: *"Porque la cosas invisibles de él, su eterno poder y deidad, se hacen claramente visibles desde la creación del mundo, siendo entendidas por medio de las cosas hechas, para no tener excusa".*

Dios nos ha entregado sus Sagradas Escrituras, la Biblia, para poder conocerlo.

• Juan 5:39: *"Escudriñad las Escrituras; porque a vosotros os parece que en ellas tenéis la vida eterna; y ellas son las que dan testimonio de mí"*

• Romanos 10:17: *"Así que la fe es por el oír, y el oír, por la palabra de Dios"*.

• 2 Timoteo 3:15: *"Y que desde la niñez has sabido las Sagradas Escrituras, las cuales te pueden hacer sabio para la salvación por la fe que es en Cristo Jesús"*.

¿Qué es Dios?

Dios es Espíritu. No tiene ni carne ni sangre y es invisible a nosotros.

• Deuteronomio 4:15-19: *"Guardad, pues, mucho vuestras almas; pues ninguna figura visteis el día que Jehová hablo con vosotros de en medio del fuego; 16 para que no os corrompáis y hagáis para vosotros escultura, imagen de figura alguna, efigie de varón o hembra, 17 figura de animal alguno que está en la tierra, figura de ave alguna alada que vuele por aire, 18 figura de ningún animal que se arrastre sobre la tierra, figura de pez alguno que haya en el agua debajo de la tierra. 19 No sea que alces tus ojos al cielo, y viendo el sol y la luna y las estrellas, y todo el ejército del cielo, seas impulsado, y te inclines a ellos, y les sirváis; porque Jehová tu Dios los ha concedido a todos los pueblos debajo de tus pies"*.

• Juan 4:24: *"Dios es Espíritu; y los que le adoran, en espíritu y en verdad, es necesario que adoren"*.

• 1 Timoteo 1:17: *"Por tanto, al Rey de los siglos, inmortal, invisible, al único y sabio Dios, sea honor y gloria por los siglos de los siglos. Amén"*.

¿Con qué cualidades podríamos describir a Dios?

1. Dios es Omnipotente: Él es Todopoderoso, capaz de hacer cualquier cosa.

• Génesis 17:1: *"Era Abraham de noventa y nueve años, cuando se le apareció Jehová y le dijo: Yo soy el Todopoderoso; anda delante de mí y sé perfecto"*. (Génesis 17:1)

• Mateo 19:26: *"Y mirándolos Jesús, les dijo: Para los hombres esto es imposible; más para Dios todo es posible".*

• Job 42:2: *"Yo conozco que todo lo puedes, y que no hay pensamiento que se esconda de ti".*

2. Dios es Omnisciente: Él todo lo sabe. Dios conoce todo acerca de mí, lo que pienso y lo que hago y a donde voy.

• Salmos 139:1-4: *"Oh Jehová, tú me has examinado y conocido. 2 Tú has conocido mi sentarme y levantarme; Has entendido desde lejos mis pensamientos. 3 Has escudriñado mi andar y mi reposo, y todos mis caminos te son conocidos. 4 Pues aún no está la palabra en mi lengua, y he aquí, oh, Jehová, tú la sabes toda".*

• 1 Juan 3:20: *"Pues si nuestro corazón nos reprende, mayor que nuestro corazón es Dios, y él sabe todas las cosas"*

• 1 Pedro 1:2: *"Elegidos según la presciencia de Dios Padre en santificación del Espíritu, para obedecer y ser rociados con la sangre de Jesucristo"*

3. Dios es Omnipresente: Él está presente en todo lugar, en todo tiempo, al mismo tiempo.

• Jeremías 23:24: *"¿Se ocultará alguno, dice Jehová, en escondrijos (lugares secretos) que yo no lo vea? ¿No lleno yo, dice Jehová, el cielo y la tierra?"*

• Salmos 139:7: *"¿A dónde me iré de tu Espíritu? ¿Y a dónde huiré de tu presencia?"*

4. Dios es Eterno: Él vive fuera del tiempo y espacio.

• Salmos 90:1-2: *"Señor, tú nos has sido refugio, De generación en generación. 2 Antes que naciesen los montes y formases la tierra y el mundo, Desde el siglo y hasta el siglo, tú eres Dios".*

• Salmos 102:12: *"Más tu Jehová, permanecerás para siempre, Y tu memoria de generación en generación"*

5. Dios nunca cambia.

• Éxodo 3:14ª: *"Y respondió Dios a Moisés: YO SOY EL QUE SOY".*

• Malaquías 3:6: *"Porque yo Jehová no cambio, por esto, hijos de Jacob, no habéis sido consumidos"*

• Hebreos 1:12: *"Y como un vestido los envolverás, y serán mudados; pero tú eres el mismo, y tus años no acabarán".*

• Santiago 1:17: *"Toda buena dádiva y todo don perfecto procede de lo alto, del Padre de las luces, en el cual no hay mudanza, ni sombra de variación".*

6. Dios es Santo: Él es totalmente puro, sin pecado, y no hay oscuridad en Él.

• 1 Pedro 1:15-16: *"Si no que como aquel que os llamó es santo, sed también vosotros santos en toda vuestra manera de vivir 16 porque escrito está: Sed santos porque Yo soy santo"*

• 1 Juan 1:5: *"Este es el mensaje que hemos oído de él, y os anunciamos: Dios es luz, y no hay ningunas tinieblas en Él".*

• 1 Juan 3:3,5: *"Y todo aquel que tiene esta esperanza en él, se purifica así mismo, así como él es puro. 5 Y sabéis que Él apareció para quitar nuestros pecados, y no hay pecado en Él".*

• Apocalipsis 15:4: *"¿Quién no te temerá, oh, Señor, y glorificará tu nombre? Pues solo tú eres santo, por lo cual todas las naciones vendrán a ti y te adorarán, porque tus juicios se han manifestado".*

7. Dios es justo e imparcial con todos.

• Génesis 18:25: *"Lejos de ti el hacer tal, que hagas morir al justo con el impío, y que sea el justo tratado como el impío; nunca tal hagas. El juez de toda la tierra, ¿no ha de hacer lo que es justo?"*.

• Deuteronomio 32:4: *"Él es la Roca, cuya obra es perfecta, Porque todos sus caminos son rectitud; Dios de verdad, y sin ninguna iniquidad en él; Es justo y recto"*.

• Deuteronomio 10:17-18: *"Porque Jehová vuestro Dios es Dios de dioses y Señor de señores, Dios grande, poderoso y temible, que no hace acepción de personas, ni toma cohecho; que hace justicia al huérfano y a la viuda; que ama también al extranjero dándole pan y vestido"*.

• Salmos 96:13: *"... Porque vino a juzgar la tierra. Juzgará al mundo con justicia, Y a los pueblos con su verdad"*.

• Romanos 3:5,26: *"Y si nuestra injusticia hace resaltar la justicia de Dios, ¿Qué diremos? ¿Será injusto Dios que da castigo? (Hablo como hombre) 26... Con la mira de manifestar en este tiempo su justicia, a fin de que él sea justo, y el que justifica al que es de la fe en Jesús"*.

8. Dios es fiel: Él hará lo que dijo que haría.

• Deuteronomio 31:6: *"Esforzaos y cobrad ánimo; no temáis, ni tengáis miedo de ellos, porque Jehová tu Dios es el que va contigo; no te dejará, ni te desamparará"*.

• Josué 21:45: *"No faltó palabra de todas las buenas promesas que Jehová había hecho a la casa de Israel; todo se cumplió"*

• 1 Corintios 1:9: *"Fiel es Dios, por el cual fuisteis llamados a la comunión con su Hijo Jesucristo, nuestro Señor"*.

• 2 Timoteo 2:13: *"Si fuésemos infieles, Él permanece fiel; Él no puede negarse a sí mismo"*

9. Dios es bueno: Él solo desea lo mejor para nosotros.

• Salmos 34:8: *"Gustad y ved que es bueno Jehová; Dichoso el hombre que confía en él".*

• Deuteronomio 30:9: *"Y te hará Jehová tu Dios abundar en toda obra de tus manos, en el fruto de tu vientre, en el fruto de tu bestia, y en el fruto de tu tierra, para bien; porque Jehová volverá a gozarse sobre ti para bien, de la manera que se gozó sobre tus padres".*

• Romanos 2:4: *"¿O menospreciáis las riquezas de su benignidad, paciencia y longanimidad, ignorando que su benignidad te guía al arrepentimiento?".*

• Santiago 1:17: *"Toda buena dádiva y todo don perfecto desciende de lo alto, del Padre de las luces, en el cual no hay mudanza, ni sombra de variación".*

10. Dios está lleno de misericordia: Él nos libra de la atadura del pecado y la muerte.

• Éxodo 15:13: *"Condujiste en tu misericordia a este pueblo que redimiste; Lo llevaste con tu poder a tu santa morada".*

• Salmos 31:7-8: *"Me alegraré y gozaré en tu misericordia, porque has visto mi aflicción; has conocido mi alma en las angustias. 8 No me entregaste en mano del enemigo; Pusiste mis pies en lugar espacioso".*

• Salmos 86:5: *"Porque Tú, Señor, eres bueno y perdonador, Y grande en misericordia para con todos los que te invocan".*

• Hebreos 8:12: *"Porque seré propicio a sus injusticias, y nunca me acordaré de sus pecados y de sus iniquidades".*

11. Dios es pura Gracia: Él muestra bondad inmerecida; hace por nosotros lo que somos incapaces de hacer por nosotros mismos.

• 2 Crónicas 30:9: *"Porque si os volviereis a Jehová, vuestros hermanos y vuestros hijos hallarán misericordia delante de los que los tienen cautivos, y volverán a esta tierra; porque Jehová vuestro Dios es clemente y misericordioso, y no apartará de vosotros su rostro, si vosotros os volviereis a Él".*

• Hebreos 4:16: *"Acerquémonos, pues, confiadamente al trono de la gracia, para alcanzar misericordia y hallar gracia para el oportuno socorro".*

• Efesios 2:5: *"Aun estando nosotros muertos en pecados, nos dio vida juntamente con Cristo {por gracia sois salvos}".*

12. Dios es infinito: Es inconmensurable y más grande de lo que podemos ver.

• Isaías 40:12,15: *"¿Quién midió las aguas con el hueco de su mano, y los cielos con su palmo, con tres dedos juntó el polvo de la tierra, y pesó los montes con balanza, y con pesas los collados?... 15 He aquí las naciones le son como la gota de agua que cae del cubo, y como menudo polvo en las balanzas le son estimadas; he aquí que hace desaparecer las islas como polvo".*

13. Dios es amor.

• 1 Juan 4:8: *"El que no ama, no ha conocido a Dios; porque Dios es amor".*

• 2 Corintios 13:11: *"Por lo demás, hermanos, tened gozo, perfeccionaos, consolaos, sed de un mismo sentir, y vivid en paz; y el Dios de paz y de amor estará con vosotros".*

La naturaleza de Dios es infinita, perfecta y eterna, abarcando todo poder, conocimiento y presencia. Él es amoroso y justo, santo y misericordioso, revelándose como Creador y Sustentador de todo lo que existe.

¿Qué significa el término "Trinidad"?

Dios se ha revelado a sí mismo en tres manifestaciones (algunos usan el término tres personas) Padre, Hijo y Espíritu Santo. Él es el Padre en la creación, el Hijo en la Redención, y el Espíritu Santo en la regeneración.

• Deuteronomio 6:4: *"Oye, Israel: Jehová nuestro Dios, Jehová uno es".*

• Isaías 6:3: *"Y el uno al otro daba voces, diciendo: Santo, santo, santo, Jehová de los ejércitos; toda la tierra está llena de su gloria".*

• Mateo 28:19: *"Por tanto, id, y haced discípulos a todas las naciones, bautizándolos en el nombre del Padre, y del Hijo, y del Espíritu Santo".*

• Efesios 4:3–6: *"Solícitos en guardar la unidad del Espíritu en el vínculo de la paz; 4 un cuerpo, y un Espíritu, como fuisteis, también llamados en una misma esperanza de vuestra vocación; 5 un Señor, una fe, un bautismo, 6 un Dios y Padre de todos, el cual es sobre todos, y por todos, y en todos".*

• 1 Timoteo 3:16: *"E indiscutiblemente, grande es el misterio de la piedad: Dios fue manifestado en carne, Justificado en el Espíritu, Visto de los ángeles, Predicado a los gentiles, Creído en el mundo, Recibido arriba en gloria".*

• 1 Juan 5:7: *"Porque tres son los que dan testimonio en el cielo: el Padre, el Verbo y el Espíritu Santo; y estos tres son uno".*

Cuando alcancemos el Cielo veremos un solo Dios manifestado como Padre, Hijo y Espíritu Santo. Un hombre puede ser un padre, un hijo y a la vez un esposo sin dejar de ser una sola persona.

¿Cuál es el nombre de Dios?

1. Hay muchos nombres para Dios a través de las Escrituras que nos dicen algo acerca de Dios, pero el Nombre de Dios para Sí mismo es *"Yahveh"* o *"Yah"* que significa *"Yo Soy Él Que Soy".*

Nuestra versión del nombre *"Yahveh"* es *"Jehová"*. Con este nombre Dios se revela a Sí Mismo como el *"Gran Yo Soy"*.

• Éxodo 3:14: *"Y respondió Dios a Moisés: YO SOY EL QUE SOY. Y dijo: Así dirás a los hijos de Israel: YO SOY me envió a vosotros"*.

• Salmos 68:4: *"Cantad a Dios, cantad salmos a su nombre; Exaltad al que cabalga sobre los cielos. JAH es su nombre; alegraos delante de él"*

2. El Nombre de Dios es Santo y nunca era pronunciado por el pueblo de Israel. En su lugar, ellos usaban la palabra *"Señor"*. Donde vemos la palabra *"Señor"* en nuestras Biblias, la palabra en el original hebreo es la palabra *"Yahveh"*.

• Éxodo 20:7: *"No tomarás el nombre de Jehová tu Dios en vano; porque no dará por inocente Jehová al que tomaré su nombre en vano"*.

• Levíticos 24:16: *"Y el que blasfemaré el nombre de Jehová, ha de ser muerto; toda la congregación lo apedreará; así el extranjero, como el natural, si blasfemare el Nombre, que muera"*.

• Jesús también se refirió a sí Mismo como *"Yo Soy"*, igual que El Padre.

• Juan 8:23–24: *"Y les dijo: Vosotros sois de abajo, yo soy de arriba; vosotros sois de este mundo, yo no soy de este mundo. 24 Por eso os dije que moriréis en vuestros pecados; porque si no creéis que yo soy, en vuestros pecados moriréis"*.

• Juan 6:48: *"Yo soy el pan de vida"*.

• Juan 8:12: *"Otra vez Jesús les habló, diciendo: Yo soy la luz del mundo; el que me sigue, no andará en tinieblas, sino que tendrá la luz de la vida"*.

• Juan 10:11: *"Yo soy el buen pastor; el buen pastor su vida da por las ovejas"*.

• Mateo 28:20b: *"... Y he aquí, yo estoy con vosotros todos los días, hasta el fin del mundo. Amén"*.

¿Cuál es la diferencia entre el Señor en el Antiguo y el Nuevo Testamento?

1. La verdad es que son el mismo. El Señor del Antiguo Testamento vino en carne en el Nuevo Testamento en la persona del Señor Jesucristo.

• Mateo 1:23: *"He aquí, una virgen concebirá y dará a luz un hijo, Y llamarás su nombre Emanuel, que traducido es: Dios con nosotros".*

• Juan 1:14: *"Y aquel Verbo fue hecho carne, y habitó entre nosotros (y vimos su gloria, gloria como del unigénito del Padre), lleno de gracia y de verdad".*

• Juan 10:30: *"Yo y el Padre uno somos".*

2. El Señor habla de Sí Mismo usando los mismos términos tanto en el Antiguo como en el Nuevo Testamento.

• Isaías 44:6: *"Así dice Jehová Rey de Israel, y su Redentor, Jehová de los ejércitos: Yo soy el primero, y yo soy el postrero, y fuera de mí no hay Dios".*

• Apocalipsis 1:17: *"Cuando le vi, caí como muerto a sus pies. Y él puso su diestra sobre mí, diciéndome: No temas; yo soy el primero y el último".*

¿Quién es el Espíritu Santo y cuál es Su relación con Jesucristo?

1. El Espíritu Santo, la tercera persona de la Trinidad, es eterno y omnipresente. Como la unción de Dios, Su relación con Jesucristo es esencial en la redención y en la vida de los creyentes.

Estuvo presente en el nacimiento de Jesús (Lucas 1:35), en Su bautismo (Mateo 3:16), y lo guio durante Su ministerio, capacitándolo para realizar milagros y cumplir Su misión redentora. Tras la resurrección y ascensión, Jesús nos lo envió para que nos guíe, fortalezca y more en nosotros (Juan 14:16-17).

2. Así se identifica con el Espíritu Santo por la actividad del Espíritu en Su vida y ministerio.

• Lucas 4:18–21: *"El Espíritu del Señor está sobre mí, Por cuanto me ha ungido para dar buenas nuevas a los pobres; Me ha enviado a sanar a los quebrantados de corazón; A pregonar libertad a los cautivos, Y vista a los ciegos; A poner en libertad a los oprimidos; 19 A predicar el año agradable del Señor. 20 Y enrollando el libro, lo dio al ministro, y se sentó; y los ojos de todos en la sinagoga estaban fijos en él. 21 Y comenzó a decirles: Hoy se ha cumplido esta Escritura delante de vosotros".*

• Mateo 16:16: *"Respondiendo Simón Pedro, dijo: Tú eres el Cristo, el Hijo del Dios viviente..."*

3. El mismo Espíritu Santo que estaba activo en la vida y ministerio de Jesucristo fue desatado a Su Cuerpo en la tierra, la iglesia, cuando Él fue ascendido a los cielos.

• Juan 14:18: *"No os dejaré huérfanos; vendré a vosotros".*

• Juan 15:26: *"Pero cuando venga el Consolador, a quien yo os enviaré del Padre, el Espíritu de verdad, el cual procede del Padre, él dará testimonio acerca de mí".*

4. El Espíritu Santo y el Espíritu de Cristo son la misma persona, que habita en Su Cuerpo, la Iglesia.

• Romanos 8:9–11: *"Más vosotros no vivís según la carne, sino según el Espíritu, si es que el Espíritu de Dios mora en vosotros. Y si alguno no tiene el Espíritu de Cristo, no es de él. 10 Pero si Cristo está en vosotros, el cuerpo en verdad está muerto a causa del pecado, más el espíritu vive a causa de la justicia. 11 Y si el Espíritu de aquel que levantó de los muertos a Jesús mora en vosotros, el que levantó de los muertos a Cristo Jesús vivificará también vuestros cuerpos mortales por su Espíritu que mora en vosotros"*

2

La Biblia

LA PALABRA INSPIRADA QUE REVELA LA VERDAD DE DIOS

¿Qué es la Biblia?

En palabras simples, la Biblia es una colección de libros que contiene la revelación de Dios para la humanidad. Ahora, tiene varias características únicas.

1. La Biblia es la Palabra inspirada de Dios, el soplo de Dios.

• 2 Timoteo 3:16-17: *"Toda la Escritura es inspirada por Dios, y útil para enseñar, para redargüir, para corregir, para instruir en justicia, 17 a fin de que el hombre de Dios sea perfecto, enteramente preparado para toda buena obra".*

• 1 Tesalonicenses 2:13: *"Por lo cual también nosotros, sin cesar, damos gracias a Dios, de que cuando recibisteis la Palabra de Dios que oísteis de nosotros, la recibisteis no como palabra de hombres, sino, según es en verdad, la Palabra de Dios, la cual actúa en vosotros los creyentes".*

2. El Espíritu Santo inspiró a hombres santos a escribir la Biblia.

• 2 Pedro 1:21: *"Porque nunca la profecía fue traída por voluntad humana, sino que los santos hombres de Dios hablaron siendo inspirados por el Espíritu Santo"*

• 2 Samuel 23:2: "*El Espíritu de Jehová ha hablado por mí, Y su palabra ha estado en mi lengua"*

• Lucas 1:70: *"Como habló por boca de sus santos profetas, que fueron desde el principio"*

3. Toda palabra de la Biblia viene de Dios, así que no tiene errores.

• Juan 17:17b: *"Tu Palabra es la Verdad"*

• Mateo 24:35: *"El cielo y la tierra pasarán, pero mis palabras no pasarán"*

• Juan 10:25b: *"Y la Escritura no puede ser quebrantada".*

4. La Escritura nos es dada para darnos sabiduría que nos dirige a salvación a través de la fe en Cristo Jesús.

• 2 Timoteo 3:15: *"Y que desde la niñez has sabido las Sagradas Escrituras, las cuales te pueden hacer sabio para la salvación por la fe que es en Cristo Jesús".*

5. La Biblia nos conduce a vivir en santidad.

• 2 Timoteo 3:17: *"A fin de que el hombre de Dios sea perfecto, enteramente preparado para toda buena obra".*

6. La Biblia nos habla de Jesucristo.

• Juan 5:39: *"Escudriñad las Escrituras; porque a vosotros os parece que en ellas tenéis la vida eterna; y ellas son las que dan testimonio de mí".*

7. La Biblia es el testimonio de Dios que, al leerla, renueva nuestras mentes. Al buscar las Escrituras diligentemente y al oírlas con reverencia, nos guían en nuestro diario vivir.

• Salmos 19:7: *"La ley de Jehová es perfecta, que convierte el alma; El testimonio de Jehová es fiel, que hace sabio al sencillo".*

• Salmos 119:9: *"¿Con qué guardará el joven su camino? Con guardar tu palabra".*

¿Cuáles son los resultados de obedecer la Biblia?

1. Cuando se obedece, somos bendecidos.

• Josué 1:8: *"Nunca se apartará de tu boca este libro de la ley, sino que de día y de noche meditaras en el para que guardes y hagas conforme a lo que en él está escrito; porque entonces harás prosperar tu camino, y todo te saldrá bien".*

• Lucas 11:28: *"Y él dijo: Antes bienaventurados los que oyen la Palabra de Dios, y la guardan".*

• Jeremías 15:11: *"Fueron halladas tus palabras, y yo las comí, y tu palabra me fue por gozo y por alegría de mi corazón; porque tu nombre se invocó sobre mí, oh, Jehová de los ejércitos.*

2. Cuando se obedece, mostramos cuanto amamos a Jesús.

• Juan 8:31-32: *"Dijo entonces Jesús a los judíos que habían creído en él: Si vosotros permaneciereis en mi palabra, seréis verdaderamente mis discípulos; y conoceréis la verdad, y la verdad os hará libres".*

• Juan 14:23: *"Respondió Jesús y le dijo: El que me ama, mi palabra guardará: y mi Padre le amará, y vendremos a él, y haremos morada con él".*

3. Cuando se obedece, vencemos al pecado.

• Salmos 1:2: *"Si no que en la ley de Jehová está su delicia, Y en su ley medita de día y de noche".*

• Salmos 119:11: *"En mi corazón he guardado tus dichos, para no pecar contra ti".*

¿Cuáles son las dos grandes divisiones en la Biblia?

La primera parte de la Biblia es conocida como el Antiguo Testamento, donde está la Ley. La Ley es la guía que nos enseña a vivir en armonía con Dios y los hombres. Es la base de toda forma de gobierno.

• Levíticos 19:2: *"Habla a toda la congregación de los hijos de Israel, y diles: Santos seréis, porque santo soy yo, Jehová vuestro Dios".*

• Deuteronomio 4:40: *"Y guarda sus estatutos y sus mandamientos, los cuales yo te mando hoy, para que te vaya bien a ti y a tus hijos después de ti, y prolongues tus días sobre la tierra que Jehová tu Dios te da para siempre".*

• Deuteronomio 6:6-7: *"Y estas palabras que yo te mando hoy, estarán en tu corazón; 7 y las repetirás a tus hijos, y hablarás de ellas estando en tu casa, y andando por el camino, y al acostarte, y cuando te levantes".*

La segunda parte de la Biblia es conocida como el Nuevo Testamento, donde están los evangelios, allí está contenida las buenas nuevas de nuestra salvación en Cristo Jesús.

• 1 Juan 4:9: *"En esto se mostró el amor de Dios para con nosotros, en que Dios envió a su hijo unigénito al mundo, para que vivamos por él".*

• Lucas 2:10-11: *"Pero el ángel les dijo: No temáis; porque he aquí os doy nuevas de gran gozo, que será para todo el pueblo: 11 que os ha acido hoy, en la ciudad de David, un Salvador, que es Cristo el Señor".*

• Juan 3:16: *"Porque de tal manera amó Dios al mundo, que ha dado a su Hijo unigénito, para que todo aquel que en él cree, no se pierda, más tenga vida eterna".*

• 1 Corintios 15:1, 3-4: *"Además os declaro, hermanos, el evangelio que os he predicado, el cual también recibisteis, en el cual también perseveráis; 3 porque primeramente os he enseñado lo que asimismo recibí: Que Cristo murió por nuestros pecados, conforme a las Escrituras; 4 y que fue sepultado, y que resucitó al tercer día, conforme a las Escrituras".*

La diferencia entre la Ley y el Evangelio es que la Ley enseña lo que el hombre puede y no puede hacer y el Evangelio enseña lo que Dios hizo y sigue haciendo. La Ley nos muestra nuestro pecado, pero el Evangelio nos muestra la gracia de Dios a través de Jesucristo.

• Romanos 8:3: *"Porque lo que era imposible para la ley, por cuanto era débil por la carne, Dios, enviando a su Hijo en semejanza de carne de pecado y a causa del pecado, condenó al pecado en la carne".*

¿Cuáles son los libros de la Biblia?

La Biblia no es un libro solo, sino una colección de 66 libros escritos bajo la inspiración del Espíritu Santo por 44 escritores diferentes. Los libros de la Biblia fueron escritos en un período de poco más de 2,000 años y aun así mantiene una armonía doctrinal perfecta. Existen diferentes divisiones de libros en la Biblia:

Antiguo Testamento

La Ley (Torah): Génesis, Éxodo, Levítico, Números y Deuteronomio.

Históricos: Josué, Jueces, Rut, 1 y 2 Samuel, 1 y 2 Reyes, 1 y 2 Crónicas, Esdras, Nehemías y Ester.

Poéticos: Job, Salmos, Proverbios, Eclesiastés y Cantar de los Cantares.

Profetas Mayores: Isaías, Jeremías, Lamentaciones, Ezequiel y Daniel.

Profetas Menores: Oseas, Joel, Amos, Abdías, Jonás, Miqueas, Nahum, Habacuc, Sofonías, Hageo, Zacarías y Malaquías.

Nuevo Testamento

Evangelios: Mateo, Marcos, Lucas y Juan.

Histórico: Hechos de los Apóstoles.

Cartas Doctrinales

Cartas de Pablo: Romanos, 1 y 2 Corintios, Gálatas, Efesios, Filipenses, Colosenses, 1 y 2 Tesalonicenses, 1 y 2 Timoteo, Tito y Filemón.

Cartas Universales: Santiago, 1 y 2 Pedro, 1, 2 y 3 de Juan, Judas y Hebreos.

Profético: Apocalipsis

¿Cuáles son los beneficios de estudiar las Sagradas Escrituras?

1. Estudiar la Biblia revela pecados.

• Hebreos 4:12: *"Porque la Palabra de Dios es viva y eficaz, y más cortante que toda espada de dos filos; y penetra hasta partir el alma y el espíritu, las coyunturas y los tuétanos, y discierne los pensamientos y las intenciones del corazón".*

• Nehemías 8:9: *"Y Nehemías, el gobernador, y el sacerdote Esdras, escriba, y los levitas que hacían entender al pueblo, dijeron a todo el pueblo: Día santo es a Jehová nuestro Dios; no os entristezcáis, ni lloréis; porque todo el pueblo lloraba oyendo las palabras de la ley".*

2. Estudiar la Biblia nos limpia de la corrupción del pecado.

• Salmos 119:9: *"¿Con qué limpiará el joven su camino? Con guardar tu palabra"*

• Salmos 19:7: *"La ley de Jehová es perfecta que convierte el alma; El testimonio de Jehová es fiel que hace sabio al sencillo".*

• Juan 15:3: *"Ya vosotros estáis limpios por la palabra que os he hablado"*

3. Estudiar la Biblia nos da fortaleza en nuestras vidas.

• Juan 4:4: *"Él respondió y dijo: Escrito está: no solo de pan vivirá el hombre, sino de toda palabra que sale de la boca de Dios".*

• Salmos 19:9a,10b: *"El temor de Jehová es limpio... Y dulces más que miel, y que la que destila del panal".*

4. Estudiar la Biblia nos da dirección para nuestras vidas.

• Mateo 4:24-27: *"Cualquiera, pues, que me oye estas palabras, y las hace, le compararé a un hombre prudente, que edificó su casa sobre la roca. 25 Descendió lluvia, y vinieron ríos, y soplaron vientos, y golpearon contra aquella casa; y no cayó, porque estaba fundada sobre la roca. 26, pero cualquiera que me oye estas palabras y no las hace, le compararé a un hombre insensato, que edificó su casa sobre la arena; 27 y descendió lluvia, y vinieron ríos, y soplaron vientos, y dieron con ímpetu contra aquella casa; y cayó, y fue grande su ruina".*

• Habacuc 2:2: *"Y Jehová me respondió, y dijo: Escribe la visión, y declárala en tablas, para que corra el que leyere en ella".*

5. Estudiar la Biblia nos provee una espada para tener victoria sobre el pecado.

• Salmos 119:11: *"En mi corazón he guardado tus dichos, para no pecar contra ti".*

• Efesios 6:17: *"Y tomad el yelmo de la salvación, y la espada del Espíritu, que es la palabra de Dios".*

• 1 Juan 2:14: *"Os he escrito a vosotros, padres, porque habéis conocido al que es desde el principio. Os he escrito a vosotros, jóvenes, porque sois fuertes, y la palabra de Dios permanece en vosotros, y habéis vencido al maligno".*

• Apocalipsis 12:11: *"Y ellos le han vencido por medio de la sangre del Cordero y de la palabra del testimonio de ellos, y menospreciaron sus vidas hasta la muerte".*

6. Estudiar la Biblia nos da poder para la oración.

• Juan 15:7: *"Si permanecéis en mí, y mis palabras permanecen en vosotros, pedid todo lo que queréis, y os será hecho".*

• Salmos 37:4: *"Deléitate asimismo en Jehová, Y él te concederá las peticiones de tu corazón".*

¿Cuán seguido debemos leer esta colección de libros?

Deberíamos leer la Biblia diariamente.

• Salmos 119:97: *"¡Oh, cuanto amo yo tu ley! Todo el día es ella mi meditación".*

• Hechos 17:11: *"Y estos eran más nobles que los que estaban en Tesalónica, pues recibieron la palabra con toda solicitud, escudriñando cada día las Escrituras para ver si estas cosas eran así"*.

¿Qué otros libros pueden suplementar mi estudio de la Biblia?

1. Un buen diccionario bíblico, que pueda definir bien las palabras y temas de la Biblia.

2. Una buena concordancia Bíblica, que nos muestren donde se mencionan ciertas palabras a través de toda la Escritura.

3. Un comentario Bíblico, que nos provea un trasfondo general de los pasajes que necesitemos estudiar.

¿Qué debemos hacer luego de estudiar la Biblia?

Debemos meditar en lo que hemos leído, entonces sumergirnos en esas verdades y permitir que ellas se conviertan en parte de nuestra vida.

• Salmos 119:27: *"Hazme entender el camino de tus mandamientos, para que medite en tus maravillas"*.

• Salmos 1:2: *"Si no que en la ley de Jehová está su delicia, y en su ley medita de día y de noche"*.

• Filipenses 4:8: *"Por lo demás hermanos, todo lo que es verdadero, todo lo honesto, todo lo justo, todo lo puro, todo lo amable, todo lo que es de buen nombre; si hay virtud alguna, si algo digno de alabanza, en esto pensad"*.

3

La Creación

EL ORIGEN DIVINO DE TODO LO QUE EXISTE

¿Qué fue creado por Dios?

Dios creó todo lo visible e invisible; todo lo que está en los cielos y en la tierra; el mundo espiritual y el mundo natural.

• Génesis 1:1: *"En el principio creó Dios los cielos y la tierra"*.

• Colosenses 1:16-17: *"Porque en Él fueron creadas todas las cosas, las que hay en los cielos y las que hay en la tierra, visibles e invisibles; sean tronos, sean dominios, sean principados, sean potestades; todo fue creado por medio de Él y para Él. 17 Y Él es antes de todas las cosas, y todas las cosas en Él subsisten"*.

• Hebreos 11:3: *"Por la fe entendemos haber sido constituido el universo por la palabra de Dios, de modo que lo que se ve fue hecho de lo que no se veía"*.

¿Qué fue creado por Dios primero?

Dios creó los cielos, el mundo invisible de los ángeles y espíritus ministradores.

• Job. 38:4,7: *"¿Dónde estabas tú cuando yo fundaba la tierra? 7 Cuando alababan todas las estrellas del alba, y se regocijaban todos los hijos de Dios".*

¿Qué son los ángeles?

Desde una perspectiva bíblica, los ángeles son seres espirituales creados por Dios. Su papel y naturaleza están descritos en varios pasajes de la Biblia. Aquí te presento una visión general basada en las Escrituras:

Los ángeles son seres ministradores espirituales que son invisibles pero creados para cumplir la voluntad de Dios.

• Salmos 103:20-21: *"Bendecid a Jehová, vosotros sus ángeles, Poderosos en fortaleza, que ejecutáis su palabra; Obedeciendo a la voz de su precepto. 21 Bendecid a Jehová, vosotros todos sus ejércitos, ministros suyos, que hacéis su voluntad".*

• Salmos 104:4: *"El que hace a los vientos sus mensajeros, Y a las flamas de fuego sus ministros".*

• Hebreos 1:14: *"¿No son todos espíritus ministradores, enviados para servicio a favor de los que serán herederos de la salvación?".*

Existen tanto ángeles buenos como ángeles malos.

• Apocalipsis 12:4,7,9: *"4 Y su cola arrastraba la tercera parte de las estrellas del cielo, y las arrojó sobre la tierra. Y el dragón se paró frente a la mujer que estaba para dar a luz, a fin de devorar a su hijo tan pronto como naciese...*

7 Después hubo una gran batalla en el cielo: Miguel y sus ángeles luchaban contra el dragón; y luchaban el dragón y sus ángeles...

9 Y fue lanzado fuera el gran dragón, la serpiente antigua, que se llama diablo, y Satanás, el cual engaña al mundo entero; fue arrojado a la tierra, y sus ángeles fueron arrojados con él".

¿Qué dice la Biblia acerca de los ángeles buenos?

A lo largo de las Escrituras, los ángeles buenos son representados como mensajeros, protectores, y adoradores de Dios, desempeñando roles cruciales en la vida de las personas. Veamos algunas ideas clave y pasajes relevantes que ilustran su importancia y funciones divinas:

1. Los ángeles buenos son mayores en cantidad y poder que los ángeles malvados.

• Salmos 68:17: *"Los carros de Dios se cuentan por veintenas de millares de millares; El Señor viene del Sinaí a su santuario".*

• Lucas 2:13-14: *"Y repentinamente apareció con el ángel una multitud de las huestes celestiales, que alababan a Dios, y Decían: ¡Gloria a Dios en las alturas, Y en la tierra, paz, buena voluntad para con los hombres!"*

• 2 Pedro 2:11: *"Mientras que los ángeles, que son mayores en fuerza y en potencia, no pronuncian juicio de maldición contra ellas delante del Señor".*

2. Los ángeles de Dios alaban a Dios.

• Isaías 6:1-3: *"En el año que murió el rey Uzías vi yo al Señor sentado sobre un trono y sublime, y sus faldas llenaban el templo. 2 Por encima de él había serafines; cada uno tenía seis alas; con dos cubrían sus rostros, con dos cubrían sus pies, y con dos volaban. 3 Y el uno al otro daba voces, diciendo: Santo, Santo, Santo, Jehová de los ejércitos; toda la tierra está llena de su gloria".*

• Ezequiel 3:12-13: *"Y me levantó el Espíritu, y oí detrás de mí una voz de gran estruendo, que decía: Bendita sea la gloria de Jehová desde su lugar. 13 Oí también el sonido de las alas de los seres vivientes que se juntaban la una con la otra, y el sonido de las ruedas delante de ellos, y sonido de gran estruendo".*

• Nehemías 9:6: *"Tú solo eres Jehová; tú hiciste los cielos, y los cielos de los cielos, con todo su ejército, la tierra y todo lo que está en ella, los mares y todo lo que está en ellos; y tú vivificas todas estas cosas, y los ejércitos de los cielos te adoran".*

3. Los ángeles buenos ejecutan los mandatos de Dios y sirven los propósitos de Dios.

• Salmos 34:7: *"El ángel de Jehová acampa alrededor de los que le temen y los defiende".*

• Salmos 91:11: *"Pues a sus ángeles mandará acerca de ti, Que te guarden en todos tus caminos".*

• Hechos 12:7: *"Y he aquí que se presentó un ángel del Señor, y una luz resplandeció en la cárcel; y tocando a Pedro en el costado, le despertó, diciendo: Levántate pronto. Y las cadenas se le cayeron de las manos".*

• Mateo 18:10: *"Mirad que no menospreciéis a uno de estos pequeños; porque os digo que sus ángeles en los cielos ven siempre el rostro de mi Padre que está en los cielos".*

¿Qué nos dice la Biblia acerca de los ángeles malvados?

La Biblia también habla de ángeles malvados, que son seres espirituales, se rebelaron contra Dios y ahora están en oposición a Su voluntad. A continuación se presentan algunos conceptos clave y pasajes relevantes sobre los ángeles malvados según la Biblia:

1. Los ángeles malvados fueron creados para ser santos, pero se rebelaron en contra de Dios y ahora están separados de Él por siempre.

• Isaías 14:12: *"¡Cómo caíste del cielo, oh, Lucero, hijo de la mañana! Cortado fuiste por tierra, tú que debilitabas a las naciones"*

• Mateo 25:41: *"Entonces dirá también a los de la izquierda: Apartaos de mí, malditos, al fuego eterno preparado para el diablo y sus ángeles"*

• 2 Pedro 2:4: *"Porque si Dios no perdonó a los ángeles que pecaron, sino que arrojándolos al infierno, los entregó a prisiones de obscuridad, para ser reservados al juicio".*

2. Los ángeles malvados son astutos, poderosos y numerosos.

• Efesios 6:12: *"Porque no tenemos lucha contra sangre y carne, sino contra principados, contra potestades, contra los gobernadores de las tinieblas de este siglo, contra huestes espirituales de maldad en las regiones celestes".*

• Mateo 5:9: *"Y le pregunto: ¿Cómo te llamas? Y respondió diciendo: Legión me llamo; porque somos muchos"*

3. Los ángeles malvados son enemigos del hombre. Su asignación es destruir las obras de Dios.

• Juan 8:44: *"Vosotros sois de vuestro padre el diablo, y los deseos de vuestro padre queréis hacer. Él ha sido homicida desde el principio, y no ha permanecido en la verdad, porque no hay verdad en él. Cuando habla mentira, de suyo habla; porque es mentiroso, y padre de mentira".*

• 1 Pedro 5:8-9: *"Sed sobrios, y velad; porque vuestro adversario, el diablo, como león rugiente, anda alrededor buscando a quien devorar; 9 al cual resistid firmes en la fe, sabiendo que los mismos padecimientos se van cumpliendo en nuestros hermanos en todo el mundo".*

¿Se pueden adorar a los ángeles?

La respuesta es NO. Se nos prohíbe adorar a los ángeles, ya que la adoración está reservada únicamente para Dios. En las Escrituras, se enfatiza que los ángeles son servidores y mensajeros de lo divino, no objetos de culto.

• Romanos 1:25: *"Ya que cambiaron la verdad de Dios por la mentira, honrando y dando culto a las criaturas antes que al Creador, el cual es bendito por los siglos. Amén".*

• Apocalipsis 19:10: *"Yo me postré a sus pies para adorarle. Y él me dijo: Mira, no lo hagas; yo soy consiervo tuyo, y de tus hermanos que retienen el testimonio de Jesús. Adora a Dios; porque el testimonio de Jesús es el espíritu de la profecía".*

¿Quién es Lucifer?

1. Lucifer, el ángel principal e "hijo de la mañana" era un querubín en el trono de Dios, pero se rebeló y fue expulsado del cielo.

• Isaías 14:12-15: *"¡Cómo caíste del cielo, oh! ¡Lucero, hijo de la mañana! Cortado fuiste por tierra, tú que debilitabas a las naciones. 13 Tú que decías en tu corazón: Subiré al cielo; en lo alto, junto a las estrellas de Dios, levantaré mi trono, y en el monte del testimonio me sentaré, a los lados del norte, 14 sobre las alturas de las nubes subiré, y seré semejante al Altísimo. 15 Más tu derribado eres hasta el Seol, a los lados del abismo".*

2. Lucifer fue creado con gran belleza, semejante a piedras preciosas, y su voz era como un órgano de tubos, siendo perfecto en sabiduría.

• Ezequiel 28:12-16: *"12 Hijo de hombre, levanta endechas sobre el rey de Tiro, y dile: Así ha dicho Jehová el Señor: Tú eras el sello de la perfección, lleno de sabiduría, y acabado de hermosura. 13 En Edén, en el huerto de Dios estuviste, de toda piedra preciosa era tu vestidura; de cornerina, topacio, jaspe, crisólito, berilo y ónice; de zafiro, carbunclo, esmeralda y oro; los primores de tus tamboriles y flautas estuvieron preparados para ti en el día de tu creación. 14 Tú, querubín grande, protector, yo te puse en el santo monte de Dios, allí estuviste; en medio de las piedras de fuego te paseabas.*

15 Perfecto eras en todos tus caminos, desde el día que fuiste creado, hasta que se halló en ti maldad. 16 A causa de la multitud de tus contrataciones, fuiste lleno de iniquidad, y pecaste; por lo que yo te eché del monte de Dios, y te arrojé de entre las piedras del fuego, oh querubín protector".

3. Lucifer se convirtió en el diablo, Satanás, y aquellos que lo siguieron se convirtieron en sus demonios.

• Ezequiel 28:17: "*Se enalteció tu corazón a causa de tu hermosura, corrompiste tu sabiduría a causa de tu esplendor; yo te arrojaré por tierra; delante de los reyes te pondré para que miren en ti*".

4. Lucifer y sus demonios están destituidos para siempre del cielo. Algunos están en cadenas eternas y otros merodean la tierra como enemigos de los hombres.

• Job 1:7: "*Y dijo Jehová a Satanás: ¿De dónde vienes? Respondiendo Satanás a Jehová, dijo: De rodear la tierra y de andar por ella*".

• Lucas 10:18: "*Y les dijo: Yo veía a Satanás caer del cielo como un rayo*".

• 1 Pedro 5:8: "*Sed sobrios, y velad; porque vuestro adversario, el diablo, como león rugiente, anda alrededor buscando a quien devorar*".

• 2 Pedro 2:4: "*Porque si Dios no perdonó a los ángeles que pecaron, sino que arrojándolos al infierno, los entrego a prisiones de oscuridad, para ser reservados al juicio*".

• Judas 1:6: "*Y a los ángeles que no guardaron su dignidad, sino que abandonaron su propia morada, los ha guardado bajo oscuridad, en prisiones eternas, para el juicio del gran día*".

¿Qué es el infierno?

Es el lugar de habitación del diablo y sus demonios. Solo los que rechazan a Cristo van al infierno porque no hay otro lugar a donde ellos puedan ir.

• Salmos 9:17: *"Los malos serán trasladados al Seol, Todas las gentes que se olvidan de Dios"*.

• Mateo 25:41: *"Entonces dirá también a los de la izquierda: Apartaos de mí, malditos, al fuego eterno preparado para el diablo y sus ángeles"*.

• Apocalipsis 9:1-2: *"El quinto ángel toco la trompeta, y vi una estrella que cayó del cielo a la tierra, y se le dio la llave del pozo del abismo. 2 Y abrió el pozo del abismo, y subió humo del pozo como humo de gran horno, y se oscureció el sol y el aire por el humo del pozo"*.

¿Quién tiene poder y autoridad sobre el diablo y sus demonios?

Dios y la iglesia de Jesucristo tienen poder y autoridad sobre satanás y los demonios.

• Mateo 18:18: *"Y Jesús se acercó y les habló diciendo: Toda potestad me es dada en el cielo y en la tierra"*.

• Lucas 10:19: *"He aquí os doy potestad de hollar serpientes y escorpiones, y sobre toda fuerza del enemigo, y nada os dañará"*.

• Efesios 1:20-23; 2:6: *"La cual operó en Cristo, resucitándole de los muertos y sentándole a su diestra en lugares celestiales, 21 sobre todo principado y autoridad y poder y señorío, y sobre todo nombre que se nombra, no solo en este siglo, sino también en el venidero; 22 y sometió todas las cosas bajo sus pies, y lo dio por cabeza sobre todas las cosas a la iglesia, 23 la cual es su cuerpo, la plenitud de Aquel que todo lo llena en todo.... 2:6 y juntamente con él nos resucitó, y asimismo nos hizo sentar en los lugares celestiales con Cristo Jesús"*

¿Qué creó Dios después de crear el mundo espiritual?

1. En seis días Dios creó el universo físico que podemos ver.

• Hebreos 11:3: *"Por la fe entendemos haber sido constituido el universo por la palabra de Dios, de modo que lo que se ve fue hecho de lo que no se veía".*

• Salmos 33:6: *"Por la palabra de Jehová fueron hechos los cielos, Y todo el ejército de ellos por el aliento de su boca".*

• Apocalipsis 4:11: *"Señor, digno eres de recibir la gloria y la honra y el poder; porque tú creaste todas las cosas, y por tu voluntad existen y fueron creadas".*

2. Dios formó todas las criaturas vivientes en la tierra.

• Génesis 1:24: *"Luego dijo Dios: Produzca la tierra, seres vivientes según su género, bestias y serpientes y animales de la tierra según su especie. Y fue así".*

• Jeremías 27:5: *"Yo hice la tierra, el hombre y las bestias que están sobre la faz de la tierra, con mi gran poder y con mi brazo extendido, y la di a quien yo quise".*

3. Dios creó al hombre a su propia imagen y le dio dominio sobre toda la tierra. El hombre es único en el sentido de que Dios sopló en el su aliento de vida y le convirtió así en un ser espiritualmente vivo.

• Génesis 1:26-27: *"Entonces dijo Dios: Hagamos al hombre a nuestra imagen, conforme a nuestra semejanza; y señoree en los peces del mar, en las aves de los cielos, en las bestias, en toda la tierra, y en todo animal que se arrastra sobre la tierra. 27 Y creó Dios al hombre a su imagen, a imagen de Dios lo creó; varón y hembra los creó".*

• Génesis 2:7: *"Entonces Jehová Dios formó al hombre del polvo de la tierra, y sopló en su nariz aliento de vida, y fue el hombre un ser viviente"*

4. Dios creó al hombre como una creación especial, no como producto de la evolución. Dios le dio vida al hombre con su mismo aliento para que el hombre busque de Dios.

• Job 33:4: *"El espíritu de Dios me hizo, Y el soplo del Omnipotente me dio vida".*

• Salmos 100:3: *"Reconoced que Jehová es Dios; Él nos hizo, y no nosotros a nosotros mismos; Pueblo suyo somos y ovejas de su prado".*

• Hechos 17:26-27: *"Y de una sangre ha hecho todo el linaje de los hombres, para que habiten sobre toda la faz de la tierra; y les ha prefijado el orden de los tiempos, y los límites de su habitación; 27 para que busquen a Dios, si en alguna manera, palpando, puedan hallarle, aunque ciertamente no está lejos de cada uno de nosotros".*

4

La Naturaleza del Hombre

LA CONDICIÓN HUMANA Y SU NECESIDAD DE REDENCIÓN DIVINA

¿Quiénes fueron Adán y Eva?

1. Adán y Eva fueron los primeros humanos creados por Dios y colocados en la tierra.

• Génesis 1:26–27: *"Entonces dijo Dios: Hagamos al hombre a nuestra imagen, conforme a nuestra semejanza; y señoree en los peces del mar, en las aves de los cielos, en las bestias, en toda la tierra, y en todo animal que se arrastra sobre la tierra. 27 Y creó Dios al hombre a su imagen, a imagen de Dios lo creó; varón y hembra los creó".*

2. Así como Dios es uno en tres personas, Dios creo al hombre tripartito: cuerpo físico para relacionarse con el mundo, alma para relacionarse consigo mismo, y espíritu para relacionarse con Dios.

• 1 Tesalonicenses 5:23: *"Y el mismo Dios de paz os santifique por completo; y todo vuestro ser, espíritu, alma y cuerpo, sea guardado irreprensible para la venida de nuestro Señor Jesucristo".*

• Hebreos 4:12: *"Porque la palabra de Dios es viva y eficaz, y más cortante que toda espada de dos filos; y penetra hasta partir el alma y el espíritu, las coyunturas y los tuétanos, y discierne los pensamientos y las intenciones del corazón".*

¿Cuál fue el propósito por el cual Dios creo a Adán y Eva?

1. Adán y Eva fueron creados para glorificar a Dios y para deleite de Dios.

• Juan 17:22,24: *"La gloria que me diste, yo les he dado, para que sean uno, así como nosotros somos uno. 24 Padre, aquellos que me has dado, quiero que donde yo estoy, también ellos estén conmigo, para que vean mi gloria que me has dado; porque me has amado desde antes de la fundación del mundo".*

• Romanos 11:36: *"Porque de él, y por él, y para él, son todas las cosas. A él sea la gloria por los siglos. Amén".*

• 1 Corintios 10:31: *"Si, pues, coméis o bebéis, o hacéis otra cosa, hacedlo todo para la gloria de Dios".*

• Apocalipsis 4:11: *"Señor, digno eres de recibir la gloria y la honra y el poder; porque tú creaste todas las cosas, y por tu voluntad existen y fueron creadas".*

2. Ellos fueron creados para tener una relación íntima con Dios.

• Génesis 3:8: *"Y oyeron la voz de Jehová Dios que se paseaba en el huerto, al aire del día".*

• Éxodo 29:45: *"Y habitaré entre los hijos de Israel, y seré su Dios".*

• Éxodo 33:14: *"Y él dijo: Mi presencia irá contigo, y te daré descanso".*

• 1 Juan 1:3: *"Lo que hemos visto y oído, eso os anunciamos, para que también vosotros tengáis comunión con nosotros; y nuestra comunión verdaderamente es con el Padre, y con su Hijo Jesucristo".*

3. Ellos fueron creados para tener dominio sobre las demás criaturas.

• Génesis 1:26: *"Entonces dijo Dios: Hagamos al hombre a nuestra imagen, conforme a nuestra semejanza; y señoree en los peces del mar, en las aves de los cielos, en las bestias, en toda la tierra, y en todo animal que se arrastra sobre la tierra".*

• Salmos 8:6: *"Le hiciste señorear sobre las obras de tus manos; Todo lo pusiste debajo de sus pies:".*

4. Ellos fueron creados para cuidar el jardín en donde Dios los había ubicado.

• Génesis 2:15: *"Tomó, pues, Jehová Dios al hombre, y lo puso en el huerto de Edén, para que lo labrara y lo guardase".*

¿Por qué razón creó Dios tanto a un hombre como a una mujer?

1. Dios creó tanto a Adán como a Eva, porque Adán solo no podría cumplir el propósito de Dios solo, necesitaba una ayuda idónea.

• Génesis 2:18: *"Y dijo Jehová Dios: No es bueno que el hombre esté solo; le haré ayuda idónea para él".*

• Génesis 2:21–23: *"Entonces Jehová Dios hizo caer sueño profundo sobre Adán, y mientras este dormía, tomó una de sus costillas, y cerró la carne en su lugar. 22 Y de la costilla que Jehová Dios tomó del hombre, hizo una mujer, y la trajo al hombre. 23 Dijo entonces Adán: Esto es ahora hueso de mis huesos y carne de mi carne; esta será llamada Varona, porque del varón fue tomada".*

2. Dios los creo como ejemplo para todo futuro matrimonio en su amor el uno por el otro.

• Génesis 2:23–25: *"Dijo entonces Adán: Esto es ahora hueso de mis huesos y carne de mi carne; esta será llamada Varona, porque del varón fue tomada. 24 Por tanto, dejará el hombre a su padre y a su madre, y se unirá a su mujer, y serán una sola carne. 25 Y estaban ambos desnudos, Adán y su mujer, y no se avergonzaban".*

• Efesios 5:28–31: *"Así también los maridos deben amar a sus mujeres como a sus mismos cuerpos. El que ama a su mujer, a sí mismo se ama. 29 Porque nadie aborreció jamás a su propia carne, sino que la sustenta y la cuida, como también Cristo a la iglesia, 30 porque somos miembros de su cuerpo, de su carne y de sus huesos".*

3. Dios los creo y les dio potestad creativa para poblar la tierra.

• Génesis 1:28: *"Y los bendijo Dios, y les dijo: Fructificad y multiplicaos; llenad la tierra, y sojuzgadla, y señoread en los peces del mar, en las aves de los cielos, y en todas las bestias que se mueven sobre la tierra".*

¿Qué acuerdo tenía Dios con el hombre?

1. Dios dijo que iba a proveerle todo lo necesario para vivir. El hombre debía depender solo de Dios y de Su poder y sabiduría para la vida.

• Génesis 2:16: *"Y mandó Jehová Dios al hombre, diciendo: De todo árbol del huerto podrás comer".*

• Mateo 6:33–34: *"Más buscad primeramente el reino de Dios y su justicia, y todas estas cosas os serán añadidas. 34 Así que, no os afanéis por el día de mañana, porque el día de mañana traerá su afán. Basta a cada día su propio mal".*

2. El hombre no debía comer del árbol de la ciencia del bien y el mal e independizarse de Dios. Si lo hacía, se separaría de Dios y moriría espiritualmente.

• Génesis 2:17: *"Más del árbol de la ciencia del bien y del mal no comerás; porque el día que de él comieres, ciertamente morirás".*

5

La Caída del Hombre

EL ORIGEN DEL PECADO Y LA SEPARACIÓN DE DIOS

¿Cómo entró el pecado al mundo?

1. El pecado entró al mundo a través de la decisión de Adán de rebelarse contra el acuerdo de Dios e independizarse de Dios.

• Génesis 3:6: *"Y vio la mujer que el árbol era bueno para comer, y que era agradable a los ojos, y árbol codiciable para alcanzar la sabiduría; y tomó de su fruto, y comió; y dio también a su marido, el cual comió así como ella".*

• Romanos 5:12–14: *"Por tanto, como el pecado entró en el mundo por un hombre, y por el pecado la muerte, así la muerte pasó a todos los hombres, por cuanto todos pecaron. 13 Pues antes de la ley, había pecado en el mundo; pero donde no hay ley, no se inculpa de pecado. 14 No obstante, reinó la muerte desde Adán hasta Moisés, aun en los que no pecaron a la manera de la transgresión de Adán, el cual es figura del que había de venir".*

• Romanos 5:19: *"Porque así como por la desobediencia de un hombre, los muchos fueron constituidos pecadores, así también por la obediencia de uno, los muchos serán constituidos justos".*

2. El pecado entró al mundo cuando satanás, en forma de serpiente, creó la duda en la mente de Eva acerca de lo dicho por Dios.

• Génesis 3:1–2: *"Pero la serpiente era astuta, más que todos los animales del campo que Jehová Dios había hecho; la cual dijo a la mujer: ¿Conque Dios os ha dicho: No comáis de todo árbol del huerto? 2 Y la mujer respondió a la serpiente: Del fruto de los árboles del huerto podemos comer".*

3. El pecado entró al mundo cuando satanás creo la duda acerca de la provisión de Dios y la relación y dependencia de Dios.

• Génesis 3:3–5: *"Pero del fruto del árbol que está en medio del huerto, dijo Dios: No comeréis de él, ni le tocaréis, para que no muráis. 4 Entonces la serpiente dijo a la mujer: No moriréis 5, sino que sabe Dios que el día que comáis de él, serán abiertos vuestros ojos, y seréis como Dios, sabiendo el bien y el mal".*

4. El pecado aún entra a través de las mismas áreas de tentación: la lujuria de la carne y de los ojos y la vanagloria (orgullo).

• Génesis 3:6: *"Y vio la mujer que el árbol era bueno para comer, y que era agradable a los ojos, y árbol codiciable para alcanzar la sabiduría; y tomó de su fruto, y comió; y dio también a su marido, el cual comió así como ella".*

• 1 Juan 2:15–17: *"No améis al mundo, ni las cosas que están en el mundo. Si alguno ama al mundo, el amor del Padre no está en él. 16 Porque todo lo que hay en el mundo, los deseos de la carne, los deseos de los ojos, y la vanagloria de la vida, no proviene del Padre, sino del mundo. 17 Y el mundo pasa, y sus deseos; pero el que hace la voluntad de Dios permanece para siempre".*

¿Cuál fue el verdadero pecado en la caída?

1. El verdadero pecado del hombre fue la desobediencia en actuar por sí mismo, independiente de Dios, lo que constituyó un acto de rebelión.

2. El verdadero pecado del hombre fue tomar su vida en sus propias manos.

¿Cuál fue el resultado de la rebelión del hombre?

1. Sus ojos fueron abiertos y supieron que estaban desnudos y tuvieron vergüenza.

• Génesis 3:7: *"Entonces fueron abiertos los ojos de ambos, y conocieron que estaban desnudos; entonces cosieron hojas de higuera, y se hicieron delantales".*

2. Como resultado de su rebelión trataron de esconderse de la presencia de Dios entre los otros árboles del huerto, el temor entró al mundo.

• Génesis 3:8: *"Y oyeron la voz de Jehová Dios, que se paseaba en el huerto, al aire del día; y el hombre y su mujer se escondieron de la presencia de Jehová Dios entre los árboles del huerto".*

• Génesis 3:10: *"Y él respondió: Oí tu voz en el huerto, y tuve miedo, porque estaba desnudo; y me escondí".*

• Romanos 3:10, 18-19: *"Como está escrito: No hay justo, ni aún uno... 18 No hay temor de Dios delante de sus ojos 19 Pero sabemos que todo lo que la ley dice, lo dice a los que están bajo la ley, para que toda boca se cierre y todo el mundo quede bajo el juicio de Dios".*

¿Cuál fue el resultado de que el pecado entrara al mundo?

El resultado de que el pecado entrara al mundo, según la Biblia, trajo al mundo una serie de consecuencias físicas, espirituales y relacionales que afectaron profundamente a toda la creación, generando separación, sufrimiento y confusión entre la humanidad y Dios.

1. El resultado de la entrada del pecado al mundo fue la separación del hombre y con ella la muerte espiritual.

• Romanos 2:7–8: *"Vida eterna a los que, perseverando en bien hacer, buscan gloria y honra e inmortalidad, 8, pero ira y enojo a los que son contenciosos y no obedecen a la verdad, sino que obedecen a la injusticia".*

• Romanos 5:12: *"Por tanto, como el pecado entró en el mundo por un hombre, y por el pecado la muerte, así la muerte pasó a todos los hombres, por cuanto todos pecaron".*

• Romanos 6:23: *"Porque la paga del pecado es muerte, más la dádiva de Dios es vida eterna en Cristo Jesús Señor nuestro".*

• Santiago 1:15: *"Entonces la concupiscencia, después que ha concebido, da a luz el pecado; y el pecado, siendo consumado, da a luz la muerte".*

¿Qué parte de la naturaleza de Dios se revela en su respuesta al hombre caído?

1. La justicia de Dios se revela en la pronunciación de las tres maldiciones del huerto.

• Génesis 3:14–17: *"Y Jehová Dios dijo a la serpiente: Por cuanto esto hiciste, maldita serás entre todas las bestias y entre todos los animales del campo; sobre tu pecho andarás, y polvo comerás todos los días de tu vida. 15 Y pondré enemistad entre ti y la mujer, y entre tu simiente y la simiente suya; esta te herirá en la cabeza, y tú le herirás en el calcañar. 16A la mujer dijo: Multiplicaré en gran manera los dolores en tus preñeces; con dolor darás a luz los hijos; y tu deseo será para tu marido, y él se enseñoreará de ti. 17 Y al hombre dijo: Por cuanto obedeciste a la voz de tu mujer, y comiste del árbol de que te mandé diciendo: No comerás de él; maldita será la tierra por tu causa; con dolor comerás de ella todos los días de tu vida".*

2. La misericordia de Dios se revela en el hecho de que a pesar haber pecado, Dios fue a buscarlo al huerto.

• Génesis 3:9: *"Jehová Dios llamó al hombre, y le dijo: ¿Dónde estás tú?"*.

3. La gracia de Dios se revela en Su provisión para cubrir la vergüenza de Adán y Eva.

• Génesis 3:21: *"Y Jehová Dios hizo al hombre y a su mujer túnicas de pieles, y los vistió"*.

¿Por qué Dios sacó al hombre del huerto de Edén?

Dios lo sacó para que el hombre no comiese del árbol de la vida y viviera para siempre en su condición caída, separado de Dios.

• Génesis 3:22–23: *"Y dijo Jehová Dios: He aquí el hombre es como uno de nosotros, sabiendo el bien y el mal; ahora, pues, que no alargue su mano, y tome también del árbol de la vida, y coma, y viva para siempre. 23 Y lo sacó Jehová del huerto del Edén, para que labrase la tierra de que fue tomado"*.

¿Por qué todos nacemos con la naturaleza pecaminosa de Adán?

Toda la humanidad desciende de Adán, quien desobedeció a Dios, rechazando las bendiciones de una relación íntima para la cual había sido creado.

• Hechos 17:26: *"Y de una sangre ha hecho todo el linaje de los hombres, para que habiten sobre toda la faz de la tierra; y les ha prefijado el orden de los tiempos, y los límites de su habitación"*.

• 1 Corintios 15:22: *"Porque así como en Adán todos mueren, también en Cristo todos serán vivificados"*.

• Romanos 3:23: *"Por cuanto todos pecaron, y están destituidos de la gloria de Dios"*.

6

La Rebelión Después De La Caída

LA RESISTENCIA HUMANA A DIOS TRAS EL PECADO ORIGINAL

¿Cuál fue la actitud del hombre después de la caída en Edén?

1. La actitud del hombre fue una de rebelión. Quería quedar libre, quedando independiente de Dios.

2. El hombre creyó que tenía una mejor forma de satisfacer sus necesidades que la que Dios le ofrecía.

3. El hombre creyó las engañosas palabras de la serpiente, de que sería como Dios, y desobedeció a su Creador.

¿Cuáles fueron los efectos de la caída después del Edén?

1. El primer esfuerzo cooperativo de Adán y Eva lo que produjo fue a Caín, el primer fruto de rebelión. La semilla de rebelión plantada en Adán trajo muerte por asesinato en su generación, cuando Caín asesino a su hermano Abel.

• Génesis 4:1–2, 8: *"Conoció Adán a su mujer Eva, la cual concibió y dio a luz a Caín, y dijo: Por voluntad de Jehová he adquirido varón. 2 Después dio a luz a su hermano Abel. Y Abel fue pastor de ovejas, y Caín fue labrador de la tierra" "8 Y dijo Caín a su hermano Abel: Salgamos al campo. Y aconteció que estando ellos en el campo, Caín se levantó contra su hermano Abel, y lo mató".*

2. La rebelión y la maldad se multiplicó en los hombres, al punto que Dios no pudo tolerarlo más.

• Génesis 6:5–6: *"Y vio Jehová que la maldad de los hombres era mucha en la tierra, y que todo designio de los pensamientos del corazón de ellos era de continuo solamente el Malaquías 6 Y se arrepintió Jehová de haber hecho hombre en la tierra, y le dolió en su corazón".*

3. Dios no tuvo alternativa que destruir lo creado usando un gran diluvio.

• Génesis 6:7: *"Y dijo Jehová: Raeré de sobre la faz de la tierra a los hombres que he creado, desde el hombre hasta la bestia, y hasta el reptil y las aves del cielo; pues me arrepiento de haberlos hecho'.*

• Génesis 6:17: *"Y he aquí que yo traigo un diluvio de aguas sobre la tierra, para destruir toda carne en que haya espíritu de vida debajo del cielo; todo lo que hay en la tierra morirá".*

¿Cómo continuaría el propósito de Dios con el hombre en la tierra?

No todos en la tierra serían destruidos. Un varón llamado Noé, justo en aquella generación; halló gracia a los ojos de Dios.

• Génesis 6:8–9: 8: *"Pero Noé halló gracia ante los ojos de Jehová. 9 Estas son las generaciones de Noé: Noé, varón justo, era perfecto en sus generaciones; con Dios caminó Noé".*

En Noé, el hombre recibió una segunda oportunidad. Aquí aprendemos el principio de que Dios siempre preserva un remanente a través del cual cumple Su propósito.

• Génesis 7:1: *"Dijo luego Jehová a Noé: Entra tú y toda tu casa en el arca; porque a ti he visto justo delante de mí en esta generación".*

• Esdras 9:8: *"Y ahora por un breve momento ha habido misericordia de parte de Jehová nuestro Dios, para hacer que nos quedase un remanente libre, y para darnos un lugar seguro en su santuario, a fin de alumbrar nuestro Dios nuestros ojos y darnos un poco de vida en nuestra servidumbre".*

• Isaías 10:21: *"El remanente volverá, el remanente de Jacob volverá al Dios fuerte".*

• Romanos 9:27: *"También Isaías clama tocante a Israel: Si fuere el número de los hijos de Israel como la arena del mar, tan solo el remanente será salvo".*

¿Qué le ordenó Dios a Noé hacer?

1. Dios le dio instrucciones para construir un arca-barco grande-para salvarse a sí mismo, su familia y la vida animal que Dios había creado.

• Génesis 6:14–17: *"Hazte un arca de madera de gofer; harás aposentos en el arca, y la calafatearás con brea por dentro y por fuera. 15 Y de esta manera la harás: de trescientos codos la longitud del arca, de cincuenta codos su anchura, y de treinta codos su altura. 16 Una ventana harás al arca, y la acabarás a un codo de elevación por la parte de arriba; y pondrás la puerta del arca a su lado; y le harás piso bajo, segundo y tercero".*

2. Noé obedeció a Dios en todo detalle.

• Génesis 6:22: *"Y lo hizo así Noé; hizo conforme a todo lo que Dios le mandó".*

¿Cómo reconoció Noé la autoridad de Dios sobre su vida después de salir del arca?

1. Noé construyó un altar donde le ofreció sacrificio a Dios.

• Génesis 8:20: *"Y edificó Noé un altar a Jehová, y tomó de todo animal limpio y de toda ave limpia, y ofreció holocausto en el altar"*.

2. Como resultado del reconocimiento de Noé a la autoridad de Dios, Dios renovó Su promesa al hombre.

• Génesis 8:21: *"Y percibió Jehová olor grato; y dijo Jehová en su corazón: No volveré más a maldecir la tierra por causa del hombre; porque el intento del corazón del hombre es malo desde su juventud; ni volveré más a destruir todo ser viviente, como he hecho"*.

3. Como resultado del reconocimiento de Noé a la autoridad de Dios, Dios renovó su propósito en el hombre para llenar la tierra.

• Génesis 9:1: *"Bendijo Dios a Noé y a sus hijos, y les dijo: Fructificad y multiplicaos, y llenad la tierra"*.

4. Dios le concedió la señal del arcoíris para confirmar las promesas hechas a Noé.

• Génesis 9:13, 17: *"Mi arco he puesto en las nubes, el cual será por señal del pacto entre mí y la tierra... 17 Dijo, pues, Dios a Noé: Esta es la señal del pacto que he establecido entre mí y toda carne que está sobre la tierra"*.

¿Cuál fue la respuesta del hombre a este nuevo comienzo después de la obediencia de Noé?

El hombre respondió con más rebelión. La naturaleza pecaminosa que resulto por la rebelión de Adán todavía estaba en el hombre. Cam, hijo de Noé, ridiculizo a su padre al ver su desnudez.

• Génesis 6:5: *"Y vio Jehová que la maldad de los hombres era mucha en la tierra, y que todo designio de los pensamientos del corazón de ellos era de continuo solamente el mal".*

• Génesis 9:20–22: *"Después comenzó Noé a labrar la tierra, y plantó una viña; 21 y bebió del vino, y se embriagó, y estaba descubierto en medio de su tienda. 22 Y Cam, padre de Canaán, vio la desnudez de su padre, y lo dijo a sus dos hermanos que estaban afuera".*

¿Cómo el hombre con su conocimiento del bien y el mal comenzó a construir un nuevo mundo?

1. Continuó con su rebelión. Nimrod, un poderoso cazador y descendiente del Cam, hijo de Noé, comenzó a construir la civilización de Babilonia.

• Génesis 10:8–10: *"Y Cus engendró a Nimrod, quien llegó a ser el primer poderoso en la tierra. 9 Este fue vigoroso cazador delante de Jehová; por lo cual se dice: Así como Nimrod, vigoroso cazador delante de Jehová. 10 Y fue el comienzo de su reino, Babel, Erec, Acad y Calne, en la tierra de Sinar".*

2. El hombre empezó a construir la civilización humana sin la sabiduría y autoridad de Dios.

• Génesis 11:1–3: *"Tenía entonces toda la tierra una sola lengua y unas mismas palabras. 2 Y aconteció que cuando salieron de oriente, hallaron una llanura en la tierra de Sinar, y se establecieron allí. 3 Y se dijeron unos a otros: Vamos, hagamos ladrillo y cozámoslo con fuego. Y les sirvió el ladrillo en lugar de piedra, y el asfalto en lugar de mezcla".*

3. El hombre, en su deseo de independizarse de Dios, construyo una gran torre. Él quería construir un imperio que glorificara al hombre y no a Dios.

• Génesis 11:4: *"Y dijeron: Vamos, edifiquémonos una ciudad y una torre, cuya cúspide llegue al cielo; y hagámonos un nombre, por si fuéremos esparcidos sobre la faz de toda la tierra".*

¿Por qué y como Dios detuvo la edificación de la ciudad y de la torre?

1. Dios detuvo la edificación porque su ira era en contra de la rebelión del hombre. Dios aborrecía la naturaleza independiente del humano, pensando que puede hacer las cosas sin Dios.

• Génesis 11:5: *"Y descendió Jehová para ver la ciudad y la torre que edificaban los hijos de los hombres".*

2. Dios detuvo la edificación porque la rebelión del hombre podría extenderse a todos los hombres. Con el conocimiento que ya tenía el hombre, se habría alejado más de Dios.

• Génesis 11:6: *"Y dijo Jehová: He aquí el pueblo es uno, y todos estos tienen un solo lenguaje; y han comenzado la obra, y nada les hará desistir ahora de lo que han pensado hacer".*

3. Dios detuvo la edificación rebelde al confundir el lenguaje y que ellos no se entendieran hablándose uno a otro. Los disperso sobre la tierra y se apaciguó la concentración de maldad y rebelión.

• Génesis 11:7–8: *"Ahora, pues, descendamos, y confundamos allí su lengua, para que ninguno entienda el habla de su compañero. 8 Así los esparció Jehová desde allí sobre la faz de toda la tierra, y dejaron de edificar la ciudad".*

4. Dios detuvo la edificación de Babel, porque representaba las formas del hombre llegar a Dios. Babel significa *"confusión"*.

• Génesis 11:9: *"Por esto fue llamado el nombre de ella Babel, porque allí confundió Jehová el lenguaje de toda la tierra, y desde allí los esparció sobre la faz de toda la tierra"*.

¿Cuál es el significado espiritual de Babilonia para nosotros?

1. La torre fue construida para glorificar la sabiduría humana en lugar de Dios, pero este reemplazo de la revelación divina siempre fallará.

• Proverbios 3:7: *"No seas sabio en tu propia opinión; Teme a Jehová, y apártate del mal"*.

• Isaías 5:21: "¡Ay de los sabios en sus propios ojos, y de los que son prudentes delante de sí mismos!".

• Romanos 12:16: *"Unánimes entre vosotros; no altivos, sino asociándoos con los humildes. No seáis sabios en vuestra propia opinión"*.

2. Debemos procurar la restauración total del cristianismo bíblico en su totalidad. Una sola fe.

• Judas 1:3–4: *"Amados, por la gran solicitud que tenía de escribiros acerca de nuestra común salvación, me ha sido necesario escribiros exhortándoos que contendáis ardientemente por la fe que ha sido una vez dada a los santos. 4 Porque algunos hombres han entrado encubiertamente, los que desde antes habían sido destinados para esta condenación, hombres impíos, que convierten en libertinaje la gracia de nuestro Dios, y niegan a Dios el único soberano, y a nuestro Señor Jesucristo"*.

Debemos cuidarnos de los sistemas humanos religiosos-Babilónicos. Debemos procurar la dirección de las Sagradas Escrituras y no la sabiduría de los hombres y permitirle al Espíritu Santo que nos dirija a los caminos de Dios y lejos de los caminos de los hombres.

7

Preguntas de Estudio

REFLEXIONA Y PROFUNDIZA EN TU CONOCIMIENTO

1. ¿Quién es Dios?

____

____

2. ¿Cuáles son las características en la naturaleza de Dios?

____

____

3. ¿Qué significa el término *"Trinidad"*?

____

____

4. Lee el siguiente pasaje y contesta las próximas tres (3) preguntas:

Éxodo 34:6–8: 6: *"Y pasando Jehová por delante de él, proclamó: ¡Jehová! ¡Jehová! fuerte, misericordioso y piadoso; tardo para la ira, y grande en misericordia y verdad; 7 que guarda misericordia a millares, que perdona la iniquidad, la rebelión y el pecado, y que de ningún modo tendrá por inocente al malvado; que visita la iniquidad de los padres sobre los hijos y sobre los hijos de los hijos, hasta la tercera y cuarta generación. 8 Entonces Moisés, apresurándose, bajó la cabeza hacia el suelo y adoró".*

Cuenta las palabras que Dios uso para describirse asimismo y escríbelas.

____

____

Medita en tu vida y la gracia de Dios al llamarte. ¿Cuántas de estas palabras sé hicieron reales en tu vida?

____

____

Ora ahora mismo, repite esas mismas palabras como tu canción de alabanza personal en tu vida.

____

____

5. Lee el siguiente pasaje y contesta las próximas dos (2) preguntas:

2 Timoteo 3:16–17: *"Toda la Escritura es inspirada por Dios, y útil para enseñar, para redargüir, para corregir, para instruir en justicia, 17 a fin de que el hombre de Dios sea perfecto, enteramente preparado para toda buena obra".*

¿Cuáles son las cuatro cosas para las que la Escritura es útil?

____

____

¿Qué dos (2) palabras en el versículo 17 describen el resultado de nuestro estudio de la Palabra de Dios?

____

____

6. ¿Cuál fue el verdadero pecado en la caída de Adán?

____

____

7. ¿Cuál fue la comisión original dada a Adán y repetida a Noé?

____

____

MANUAL DE DISCIPULADO

FUNDAMENTOS DE LA DOCTRINA

VOLUMEN 2

FE Y OBEDIENCIA
EL PUEBLO DE ISRAEL
EL PACTO
LOS MANDAMIENTOS
EL REINO
LOS PROFETAS

8

Introducción

UN LLAMADO A LA FE Y A LA OBEDIENCIA

Mientras consideramos lo aprendido en el primer tomo acerca de la relación entre Dios y el hombre, hay dos palabras que permean el entorno bíblico: Fe y Obediencia. Fe es otra forma de decir confianza. Al principio, Adán y Eva disfrutaban una vida íntima con Dios, quien venía a compartir con ellos "al aire del día". Este fue un tiempo de comunión entre Creador y creación. Debido a esa intimidad, el hombre no se había separado del propósito de Dios. Adán creía (tenía fe) y así mantuvo una relación de vida y justicia con él.

Cuando Satanás se escurre en la escena, trajo lo opuesto: duda y rebelión. La relación de justicia fue quebrantada porque el hombre creyó la mentira de que Dios le escondía cosas. Sin fe y obediencia no había intimidad entre Dios y Adán. ¿Cómo se podía arreglar esa grieta? La única forma de restaurar esta relación era mediante la confianza y obediencia. En la historia de Abraham y sus descendientes vemos el inicio del llamado de Dios al hombre para regresar a una relación de confianza y obediencia.

9

Abraham: El Padre de la Fe y la Obediencia

AMADO POR DIOS PARA UNA PROMESA ETERNA

Desde el principio de la humanidad, la relación entre el hombre y Dios fue fundada sobre un vínculo de confianza y obediencia mutua. Sin embargo, esta conexión se fracturó cuando Satanás irrumpió en el Edén, sembrando la semilla de la duda en el corazón del ser humano. Al hacerle creer que Dios le escondía algo, la serpiente introdujo la desconfianza, y con ella, el pecado y la rebelión. La intimidad entre Adán y su Creador se quebró, pues sin fe, sin confianza y sin obediencia, ya no era posible una verdadera relación.

¿Cómo podría restaurarse esa relación rota? La solución no residía en simples rituales o sacrificios, sino en restaurar la confianza y la obediencia perdidas. En este proceso de restauración, Abraham juega un papel clave. A través de su vida y su obediencia a un llamado divino, Abraham se convierte en el primer hombre a quien Dios le ofrece una oportunidad de redención: un llamado a regresar a una relación profunda de fe, en la que la confianza en la promesa de Dios sería la base de toda acción y de todo entendimiento.

Esta sección explora cómo la historia de Abraham y sus descendientes marca el inicio de un nuevo capítulo en la relación entre Dios y la humanidad, un llamado a reconstruir lo que había sido destruido por la desobediencia en el Edén.

¿Quién era Abraham?

• Gálatas 3:6: *"Así Abraham* ***creyó*** *a Dios, y le fue* ***contado por justicia****"*.

• Hebreos 11:6: *"Pero sin fe es imposible agradar a Dios; porque es necesario que el que se acerca a Dios crea que le hay, y que es galardonador de los que le buscan"*.

1. Abraham fue un hombre al que Dios llamó a una relación con él.

• Génesis 12:1: *"Pero Jehová había dicho a Abram: Vete de tu tierra y de tu parentela, y de la casa de tu padre, a la tierra que te mostraré"*.

• Isaías 51:2: *"Mirad a Abraham, vuestro padre, y a Sara, que os dio a luz; porque cuando no era más que uno, solo lo llamé, y lo bendije, y lo multipliqué"*.

• Hechos 7:2–3: *"Y él dijo: Varones, hermanos y padres, oíd: El Dios de la gloria apareció a nuestro padre Abraham, estando en Mesopotamia, antes que morase en Harán, 3 y le dijo: Sal de tu tierra y de tu parentela, y ven a la tierra que yo te mostraré"*.

2. Abraham fue un hombre que creyó en Dios.

• Génesis 15:6: *"Y creyó a Jehová, y le fue contado por justicia"*.

• Romanos 4:3: *"Porque ¿qué dice la Escritura? Creyó Abraham a Dios, y le fue contado por justicia"*.

• Gálatas 3:6: *"Así Abraham creyó a Dios, y le fue contado por justicia"*.

• Hebreos 11:8: *"Por la fe, Abraham, siendo llamado, obedeció para salir al lugar que había de recibir como herencia; y salió sin saber a dónde iba".*

3. Abraham fue un hombre que obedeció a Dios.

• Génesis 22:18: *"En tu simiente serán benditas todas las naciones de la tierra, por cuanto obedeciste a mi voz".*

• Génesis 26:5: *"Por cuanto oyó Abraham mi voz, y guardó mi precepto, mis mandamientos, mis estatutos y mis leyes".*

4. Abraham fue llamado *"amigo de Dios"*, quien anduvo en íntima comunión con Dios.

• 2 Crónicas 20:7: *"Dios nuestro, ¿no echaste tú los moradores de esta tierra delante de tu pueblo Israel, y la diste a la descendencia de Abraham, tu amigo para siempre?"*

• Isaías 41:8: *"Pero tú, Israel, siervo mío, eres; tú, Jacob, a quien yo escogí, descendencia de Abraham, mi amigo".*

• Santiago 2:23: *"Y se cumplió la Escritura que dice: Abraham creyó en Dios, y le fue contado por justicia, y fue llamado amigo de Dios".*

5. Abraham fue el padre de todos los que heredan las promesas de Dios por la fe.

• Génesis 17:4: *"He aquí mi pacto es contigo, y serás padre de muchedumbre de gentes".*

• Romanos 4:16: *"Por tanto, es por fe, para que sea por gracia, a fin de que la promesa sea firme para toda su descendencia; no solamente para la que es de la ley, sino también para la que es de la fe de Abraham, el cual es padre de todos nosotros".*

• Romanos 4:20-21: *"20 Tampoco dudó, por incredulidad, de la promesa de Dios, sino que se fortaleció en fe, dando gloria a Dios, 21 plenamente convencido de que era también poderoso para hacer todo lo que había prometido".*

¿Qué le prometió Dios a Abraham?

1. Dios prometió hacer a Abraham una gran nación.

2. Dios prometió bendecir a Abraham.

3. Dios prometió darle a Abraham un gran nombre.

4. Dios prometió hacer de Abraham una bendición.

5. Dios prometió bendecir a los que bendigan a Abraham.

6. Dios prometió maldecir al que maldijera a Abraham.

7. Dios prometió bendecir a todas las familias de la tierra a través de Abraham.

• Génesis 12:2–3: *"Y haré de ti una nación grande, y te bendeciré, y engrandeceré tu nombre, y serás bendición. 3 Bendeciré a los que te bendijeren, y a los que te maldijeren maldeciré; y serán benditas en ti todas las familias de la tierra".*

8. Dios prometió darles la tierra a los descendientes de Abraham

• Génesis 12:7: *"Y apareció Jehová a Abram, y le dijo: A tu descendencia daré esta tierra. Y edificó allí un altar a Jehová, quien le había aparecido".*

• Génesis 13:15: *"Porque toda la tierra que ves, la daré a ti y a tu descendencia para siempre".*

9. Dios prometió que la descendencia de Abraham sería numerosa en la tierra.

• Génesis 13:16: *"Y haré tu descendencia como el polvo de la tierra; que si alguno puede contar el polvo de la tierra, también tu descendencia será contada".*

• Génesis 15:5: *"Y lo llevó fuera, y le dijo: Mira ahora los cielos, y cuenta las estrellas, si las puedes contar. Y le dijo: Así será tu descendencia".*

• Génesis 22:17: *"De cierto te bendeciré, y multiplicaré tu descendencia como las estrellas del cielo, y como la arena que está a la orilla del mar; y tu descendencia poseerá las puertas de sus enemigos".*

10. Dios prometió a Abraham que sería padre de muchas naciones.

• Génesis 17:4–5: *"He aquí mi pacto es contigo, y serás padre de muchedumbre de gentes 5 Y no se llamará más tu nombre, Abram, sino que será tu nombre Abraham, porque te he puesto por padre de muchedumbre de gentes".*

• Génesis 18:18: *"Habiendo de ser Abraham una nación grande y fuerte, y habiendo de ser benditas en él todas las naciones de la tierra".*

11. Dios prometió que habría reyes en el linaje de Abraham.

• Génesis 17:6: *"Y te multiplicaré en gran manera, y haré naciones de ti, y reyes saldrán de ti".*

• Génesis 17:16: *"Y la bendeciré, y también te daré de ella hijo; sí, la bendeciré, y vendrá a ser madre de naciones; reyes de pueblos vendrán de ella".*

12. Dios prometió victoria para Abraham contra sus enemigos.

• Génesis 22:17: *"De cierto te bendeciré, y multiplicaré tu descendencia como las estrellas del cielo, y como la arena que está a la orilla del mar; y tu descendencia poseerá las puertas de sus enemigos".*

¿Qué requería Dios de parte de Abraham?

Génesis 12:1 dice *"Pero Jehová había dicho a Abraham":*

1. Dios requería que Abraham dejara su país. *"Sal de tu tierra..."*

2. Dios requería que Abraham dejara su familia. *"Y de tu parentela..."*

3. Dios requería que Abraham dejara la casa de su padre. *"Y de la casa de tu padre..."*

4. Dios requería que Abraham fuera a una tierra que *"Él le mostraría"*. *"A la tierra que te mostraré..."*

Ahora la dependencia de Abraham era total y completa en Dios, no en lo que era familiar, cómodo o dependiente de esfuerzos humanos.

10

El Poder del Pacto

EL VÍNCULO DIVINO QUE TRANSFORMA Y RESTAURA VIDAS

¿Qué es un pacto?

Un pacto es un acuerdo que une a dos o más partes en una relación. Cada parte acuerda cumplir con ciertas condiciones y asimismo disfruta de ventajas o privilegios como resultado. En un pacto ambas partes acuerdan en los términos y condiciones del acuerdo. Un ejemplo es el pacto matrimonial o un empleo contractual.

¿Cómo Dios hizo pacto con Abraham?

1. Dios hizo un pacto con Abraham en donde Él mismo estableció los términos y se comprometió asimismo a cumplir dicho pacto.

• Génesis 15:1–7: *"Después de estas cosas vino la palabra de Jehová a Abram en visión, diciendo: No temas, Abram; yo soy tu escudo, y tu galardón será sobremanera grande. 2 Y respondió Abram: Señor Jehová, ¿qué me darás, siendo así que ando sin hijo, y el mayordomo de mi casa es ese damasceno Eliezer? 3 Dijo también Abram: Mira que no me has dado prole, y he aquí que será mi heredero un esclavo nacido en mi casa.*

4 Luego vino a él palabra de Jehová, diciendo: No te heredará este, sino un hijo tuyo será el que te heredará. 5 Y lo llevó fuera, y le dijo: Mira ahora los cielos, y cuenta las estrellas, si las puedes contar. Y le dijo: Así será tu descendencia. 6 Y creyó a Jehová, y le fue contado por justicia.7 Y le dijo: Yo soy Jehová, que te saqué de Ur de los caldeos, para darte a heredar esta tierra".

2. Dios estableció los términos del pacto con Abraham. Dios es superior al hombre y, por lo tanto, Dios estipuló los términos del pacto. El hombre escoge, si acepta o rechaza, la oferta de Dios.

3. Dios garantizó el pacto con el derramamiento de la sangre de un animal que representó el intercambio de vida.

- Levíticos 17:11: *"Porque la vida de la carne en la sangre está..."*

- Génesis 15:8–12: *"Y él respondió: Señor Jehová, ¿en qué conoceré que la he de heredar? 9 Y le dijo: Tráeme una becerra de tres años, y una cabra de tres años, y un carnero de tres años, una tórtola también, y un palomino. 10 Y tomó él todo esto, y los partió por la mitad, y puso cada mitad una enfrente de la otra; más no partió las aves. 11 Y descendían aves de rapiña sobre los cuerpos muertos, y Abram las ahuyentaba. 112 Más a la caída del sol sobrecogió el sueño a Abram, y he aquí que el temor de una grande oscuridad cayó sobre él".*

- Hebreos 6:13–14: *"Porque cuando Dios hizo la promesa a Abraham, no pudiendo jurar por otro mayor, juró por sí mismo, 14 diciendo: De cierto te bendeciré con abundancia y te multiplicaré grandemente".*

4. Dios requirió la señal de la circuncisión de Abraham como demostración de que había aceptado la oferta de relación de pacto. Esto incluiría a sus hijos, sus siervos y todo varón que estuviera con Abraham.

• Génesis 17:9–11: *"Dijo de nuevo Dios a Abraham: En cuanto a ti, guardarás mi pacto, tú y tu descendencia después de ti por sus generaciones. 10 Este es mi pacto, que guardaréis entre mí y vosotros y tu descendencia después de ti: Será circuncidado todo varón de entre vosotros 11 Circuncidaréis, pues, la carne de vuestro prepucio, y será por señal del pacto entre mí y vosotros"*.

5. Aquellos que no aceptaran la señal del pacto serían excluidos de la vida del pueblo de Dios. Ellos habrían rechazado la oferta de relación de pacto.

• Génesis 17:14: *"Y el varón incircunciso, el que no hubiere circuncidado la carne de su prepucio, aquella persona será cortada de su pueblo; ha violado mi pacto"*.

¿Cómo demostró Abraham su aceptación de la oferta de pacto de Dios?

1. Abraham demostró su aceptación creyendo. Él tomó la Palabra de Dios y la vivió de acuerdo con los términos del pacto. Eso se llama fe.

• Génesis 15:6: *"Y creyó a Jehová, y le fue contado por justicia"*.

2. Abraham demostró su aceptación, obedeciendo y yendo a la tierra que Dios le había prometido.

• Hebreos 11:8–10: *"Por la fe, Abraham, siendo llamado, obedeció para salir al lugar que había de recibir como herencia; y salió sin saber a dónde iba. 9 Por la fe habitó como extranjero en la tierra prometida, como en tierra ajena, morando en tiendas con Isaac y Jacob, coherederos de la misma promesa; 10 porque esperaba la ciudad que tiene fundamentos, cuyo arquitecto y constructor es Dios"*.

3. Abraham demostró su aceptación ofreciéndole a Dios lo más preciado que poseía, su propio hijo Isaac.

• Hebreos 11:17–19: *"Por la fe, Abraham, cuando fue probado, ofreció a Isaac; y el que había recibido las promesas ofrecía a su unigénito, 18 habiéndosele dicho: En Isaac te será llamada descendencia; 19 pensando que Dios es poderoso para levantar aún de entre los muertos, de donde, en sentido figurado, también le volvió a recibir".*

¿Cómo continuó el pacto después de Abraham?

1. El pacto y las bendiciones de Dios continuaron después a través de Isaac, hijo de Abraham.

• Génesis 17:16–17: *"Y la bendeciré, y también te daré de ella hijo; sí, la bendeciré, y vendrá a ser madre de naciones; reyes de pueblos vendrán de ella. 17 Entonces Abraham se postró sobre su rostro, y se rio, y dijo en su corazón: ¿A un hombre de cien años ha de nacer hijo? ¿Y Sara, ya de noventa años, ha de concebir?"*

2. Isaac recibió la señal del pacto de la circuncisión como Dios requería.

• Génesis 21:4: *"Y circuncidó Abraham a su hijo Isaac de ocho días, como Dios le había mandado".*

• Hechos 7:8: *"Y le dio el pacto de la circuncisión; y así Abraham engendró a Isaac, y le circuncidó al octavo día; e Isaac a Jacob, y Jacob a los doce patriarcas".*

3. Dios se le apareció a Isaac y le confirmó el pacto y las promesas.

• Génesis 26:24: *"Y se le apareció Jehová aquella noche, y le dijo: Yo soy el Dios de Abraham, tu padre; no temas, porque yo estoy contigo, y te bendeciré, y multiplicaré tu descendencia por amor de Abraham, mi siervo".*

¿Cómo Dios continuó el pacto después de Isaac?

1. Dios continuó su pacto a través de Jacob, el hijo de Isaac.

• Génesis 25:20–23, 26: *"20 y era Isaac, de cuarenta años, cuando tomó por mujer a Rebeca, hija de Betel arameo de Padan-aram, hermana de Labán arameo. 21 Y oró Isaac a Jehová por su mujer, que era estéril; y lo aceptó Jehová, y concibió Rebeca, su mujer. 22 Y los hijos luchaban dentro de ella; y dijo: Si es así, ¿para qué vivo yo? Y fue a consultar a Jehová; 23 y le respondió Jehová...26 Después salió su hermano, trabada su mano al calcañar de Esaú; y fue llamado su nombre Jacob. Y era Isaac de edad de sesenta años, cuando ella los dio a luz".*

2. Dios escogió a Jacob para recibir la bendición del pacto, aunque no era el hijo mayor. Le corresponde a Dios decidir a quién Él usará para cumplir Sus propósitos.

• Romanos 9:10–12: *"Y no solo esto, sino también cuando Rebeca concibió de uno, de Isaac, nuestro padre 11 (pues no habían aún nacido, ni habían hecho aún ni bien ni mal, para que el propósito de Dios conforme a la elección permaneciese, no por las obras sino por el que llama), 12 se le dijo: "El mayor servirá al menor".*

• Hechos 15:7: *"Y después de mucha discusión, Pedro se levantó y les dijo: Varones hermanos, vosotros sabéis cómo ya hace algún tiempo que Dios escogió que los gentiles oyesen por mi boca la palabra del evangelio y creyesen".*

3. Jacob recibió la bendición del pacto de su padre Isaac.

• Génesis 28:1, 3-4: *"Entonces Isaac llamó a Jacob, y lo bendijo, y le mandó diciendo: No tomes mujer de las hijas de Canaán. 3 Y el Dios omnipotente te bendiga, y te haga fructificar, y te multiplique, hasta llegar a ser multitud de pueblos; y te dé la bendición de Abraham, y a tu descendencia contigo, para que heredes la tierra en que moras, que Dios dio a Abraham".*

4. Dios le cambió el nombre de Jacob a *"Israel"*, e *"Israel"* se convirtió en el padre de las doce tribus que se llamarían *"los hijos de Israel"*.

• Génesis 32:24, 26-28, 30: *"24 Así se quedó Jacob solo; y luchó con él un varón hasta que rayaba el alba". 26 Y dijo: Déjame, porque raya el alba. Y Jacob le respondió: No te dejaré, si no me bendices. 27 Y el varón le dijo: ¿Cuál es tu nombre? Y él respondió: Jacob. 28 Y el varón le dijo: No se dirá más tu nombre, Jacob, sino Israel; porque has luchado con Dios y con los hombres, y has vencido. 30 Y llamó Jacob el nombre de aquel lugar, Peniel; porque dijo: Vi a Dios cara a cara, y fue librada mi alma".*

11

Israel: El Pueblo de Dios

LA NACIÓN ELEGIDA PARA CUMPLIR EL PLAN DIVINO

Israel fue llamado a ser el pueblo de Dios

Israel fue llamado a ser el pueblo elegido por Dios, un pueblo destinado a reflejar su gloria y ser un testimonio de su fidelidad, justicia y misericordia ante las naciones. Este llamado, que comenzó con Abraham, implicaba una relación especial, un compromiso profundo con los principios divinos de fe, obediencia, santidad y amor.

A lo largo de su historia, Israel no solo fue llamado a vivir bajo la ley de Dios, sino también a ser un vehículo a través del cual el propósito divino para la humanidad, incluyendo la redención y reconciliación, se llevaría a cabo. Sin embargo, esta vocación no fue una tarea fácil, pues demandaba un constante esfuerzo por mantener la fidelidad y obediencia a su Creador en medio de pruebas, desafíos y tentaciones, muchas veces enfrentando la oposición de naciones enemigas y la presión de su propia incredulidad.

Israel es un ejemplo vivo del anhelo y la lucha constante del ser humano por vivir según el propósito establecido por Dios en sus mandamientos.

¿Quién fue la nación de Israel?

1. Los hijos de Israel crecieron hasta llegar a ser la nación de Israel mientras vivieron unos 400 años en la tierra de Egipto.

• Génesis 15:13–14: *"Entonces Jehová dijo a Abram: Ten por cierto que tu descendencia morará en tierra ajena, y será esclava allí, y será oprimida cuatrocientos años. 14 Mas también a la nación a la cual servirán, juzgaré yo; y después de esto saldrán con gran riqueza".*

• Éxodo 1:7: *"Y los hijos de Israel fructificaron, y se multiplicaron, y fueron aumentados y fortalecidos en extremo, y se llenó de ellos la tierra".*

2. La nación de Israel fue el pueblo de Dios perseguido en Egipto.

• Éxodo 2:23: *"Aconteció que después de muchos días murió el rey de Egipto, y los hijos de Israel gemían a causa de la servidumbre, y clamaron; y subió a Dios el clamor de ellos con motivo de su servidumbre".*

3. Dios quería continuar con Su pacto con la nación de Israel, trayéndole las promesas hechas a Abraham.

• Éxodo 2:24–25: *"Y oyó Dios el gemido de ellos, y se acordó de su pacto con Abraham, Isaac y Jacob. 25 Y miró Dios a los hijos de Israel, y los reconoció Dios".*

4. Dios escogió a Moisés para dirigirlos fuera de la esclavitud de Egipto hacia una teocracia (Teocracia=gobierno de Dios).

• Éxodo 3:6,8: *"Y dijo: Yo soy el Dios de tu padre, Dios de Abraham, Dios de Isaac, y Dios de Jacob. Entonces Moisés cubrió su rostro, porque tuvo miedo de mirar a Dios. 8 y he descendido para librarlos de mano de los egipcios, y sacarlos de aquella tierra a una tierra buena y ancha, a tierra que fluye leche y miel, a los lugares del cananeo, del heteo, del amorreo, del ferezeo, del heveo y del jebuseo".*

de mirar a Dios. 8 y he descendido para librarlos de mano de los egipcios, y sacarlos de aquella tierra a una tierra buena y ancha, a tierra que fluye leche y miel, a los lugares del cananeo, del heteo, del amorreo, del ferezeo, del heveo y del jebuseo".

¿Cuál era la relación de Dios con Israel?

1. La relación entre Dios e Israel era una relación de pacto en donde Israel sería un pueblo santo para Dios.

• Éxodo 19:3–6: *"Y Moisés subió a Dios; y Jehová lo llamó desde el monte, diciendo: Así dirás a la casa de Jacob, y anunciarás a los hijos de Israel: 4 Vosotros visteis lo que hice a los egipcios, y cómo os tomé sobre alas de águilas, y os he traído a mí. 5 Ahora, pues, si diereis oído a mi voz, y guardaréis mi pacto, vosotros seréis mi especial tesoro sobre todos los pueblos; porque mía es toda la tierra. 6 Y vosotros me seréis un reino de sacerdotes, y de gente santa. Estas son las palabras que dirás a los hijos de Israel".*

2. La relación entre Dios e Israel fue basada en la ley dada por Él a través de Moisés recibida en el monte Sinaí.

Israel recibió un resumen de la ley moral de Dios en la forma de 10 mandamientos. Estos mandamientos representan un resumen esencial de la ley moral de Dios, un conjunto de principios que guiarían la vida de Israel y su relación con Dios y con los demás. Estos mandamientos no solo eran normas para una convivencia justa, sino un reflejo de la voluntad divina para el bienestar de la humanidad.

En el próximo capítulo, exploraremos con mayor profundidad el significado de estos mandamientos, su relevancia para el pueblo de Israel y cómo siguen siendo un fundamento moral y espiritual que trasciende el tiempo, ofreciendo principios que aún hoy guían la vida de aquellos que buscan vivir conforme a los valores de Dios.

12

La Ley de Dios

LA GUÍA DIVINA PARA VIVIR EN JUSTICIA Y SANTIDAD

¿Cuál fue la naturaleza y el propósito de la ley dada por Dios a Israel?

1. La ley fue un código establecido por Dios a través de Moisés que representaba el corazón y el carácter de un Dios santo.

• Romanos 7:12: *"De manera que la ley a la verdad es santa, y el mandamiento santo, justo y bueno".*

• Salmos 119:137: *"Justo eres tú, oh, Jehová, Y rectos tus juicios".*

2. La ley enseñó a Israel sobre el pecado y como vivir con un Dios santo.

• Romanos 3:20: *"Ya que por las obras de la ley ningún ser humano será justificado delante de él; porque por medio de la ley es el conocimiento del pecado".*

• Romanos 7:9–11: *"Y yo sin la ley vivía en un tiempo; pero venido el mandamiento, el pecado revivió, y yo morí. 10 Y hallé que el mismo mandamiento que era para vida, a mí me resultó para muerte".*

• Gálatas 2:19: *"Porque yo por la ley soy muerto para la ley, a fin de vivir para Dios".*

3. La ley fue establecida para llevarnos a Cristo.

• Gálatas 3:19: *"Entonces, ¿para qué sirve la ley? Fue añadida a causa de las transgresiones, hasta que viniese la simiente a quien fue hecha la promesa; y fue ordenada por medio de ángeles en mano de un mediador".*

• Gálatas 3:23–25: *"Pero antes que viniese la fe, estábamos confinados bajo la ley, encerrados para aquella fe que iba a ser revelada. 24 De manera que la ley ha sido nuestro ayo, para llevarnos a Cristo, a fin de que fuésemos justificados por la fe 25 Pero venida la fe, ya no estamos bajo ayo".*

• Romanos 8:3: *"Porque lo que era imposible para la ley, por cuanto era débil por la carne, Dios, enviando a su Hijo en semejanza de carne de pecado y a causa del pecado, condenó al pecado en la carne".*

4. La ley se encontraba en el corazón de los hombres desde el principio.

• Romanos 2:14–15: *"Porque cuando los gentiles que no tienen ley, hacen por naturaleza lo que es de la ley, estos, aunque no tengan ley, son ley para sí mismos, 15 mostrando la obra de la ley escrita en sus corazones, dando testimonio su conciencia, y acusándoles o defendiéndoles sus razonamientos".*

¿Qué son los 10 mandamientos y que es lo que nos enseñan? ¿Qué prohíben?

1. El primer mandamiento es: *"No tendrás dioses ajenos delante de mí".* (Éxodo 20:3).

• Enseña: Que solo hay un Dios y solo Él es digno de nuestra adoración y nuestro amor.

• Prohíbe: Que no debemos servir o adorar a otros dioses, personas, lugares o cosas.

• Éxodo 15:11: *"¿Quién como tú, oh Jehová, entre los dioses? ¿Quién como tú, magnífico en santidad, terrible en maravillosas hazañas, hacedor de prodigios?"*

• Deuteronomio 6:5: *"Y amarás a Jehová tu Dios de todo tu corazón, y de toda tu alma, y con todas tus fuerzas".*

• Mateo 4:10: *"Entonces Jesús le dijo: Vete, Satanás, porque escrito está: Al Señor tu Dios adorarás, y a él solo servirás".*

• 1 Corintios 8:4: *"Acerca, pues, de las viandas que se sacrifican a los ídolos, sabemos que un ídolo nada es en el mundo, y que no hay más que un Dios".*

2. El segundo mandamiento: *"No te harás imagen, ni ninguna semejanza de lo que este arriba en cielo, ni debajo en la tierra".* (Éxodo.20:4).

• Enseña: Nuestro Dios es un espíritu cuya semejanza y gloria no puede ser representada por ninguna imagen física.

• Prohíbe: Que no hagamos para nosotros ningún ídolo o imagen.

• Éxodo 34:14: *"Porque no te has de inclinar a ningún otro dios, pues Jehová, cuyo nombre es Celoso, Dios celoso es".*

• Isaías 42:8: *"Yo Jehová; este es mi nombre; y a otro no daré mi gloria, ni mi alabanza a esculturas".*

3. El tercer mandamiento es: *"No tomarás el nombre de Jehová, tu Dios en vano"* (Éxodo20:7).

• Enseña: Que debemos hablar el nombre de Dios con reverencia mientras le invocamos en oración y adoración.

• Prohíbe: no debemos usar el nombre de Dios ligeramente, en maldiciones o juramentos o de cualquier forma que no sirva a los propósitos divinos.

• Levítico 19:12: *"Y no juraréis falsamente por mi nombre, profanando así el nombre de tu Dios, Yo Jehová".*

• Santiago. 5:12: *"Pero sobre todo, hermanos míos, no juréis, ni por el cielo, ni por la tierra, ni por ningún otro juramento; sino que vuestro sí sea sí, y vuestro no sea no, para que no caigáis en condenación".*

4. El cuarto mandamiento es: *"Recuerda el día de Sabbath, santifícalo"* (Éxodo20:8).

• Enseñanza: El Sabbath fue una observancia religiosa que fue abolida junto a otros días santos y observancias rituales. Nuestro Sabbath o descanso es ahora Cristo. Los creyentes de los primeros días se reunían el primer día de la semana. A eso se le llamaba *"Él día del Señor".* Como creyentes nos reunimos a celebrar a Cristo, no para cumplir con una obligación o imposición.

• Mateo 12:6–8: *"Pues os digo que uno mayor que el templo está aquí. 7 Y si supieseis qué significa: Misericordia quiero, y no sacrificio, no condenaríais a los inocentes; 8 porque el Hijo del Hombre es Señor del día de reposo".*

• Marcos 2:27–28: *"También les dijo: El día de reposo fue hecho por causa del hombre, y no el hombre por causa del día de reposo. 28 Por tanto, el Hijo del Hombre es Señor aún del día de reposo".*

• Hechos. 20:7: *"El primer día de la semana, reunidos los discípulos para partir el pan, Pablo les enseñaba, habiendo de salir al día siguiente; y alargó el discurso hasta la medianoche".*

• 1 Corintios 16:2: *"Cada primer día de la semana cada uno de vosotros ponga aparte algo, según haya prosperado, guardándolo, para que cuando yo llegue no se recojan entonces ofrendas".*

• Colosenses 2:16–17: *"Por tanto, nadie os juzgue en comida o en bebida, o en cuanto a días de fiesta, luna nueva o días de reposo, 17 todo lo cual es sombra de lo que ha de venir; pero el cuerpo es de Cristo".*

• Hebreos 4:3, 9-10: *"Pero los que hemos creído entramos en el reposo, de la manera que dijo: Por tanto, juré en mi ira: no entrarán en mi reposo; aunque las obras suyas estaban acabadas desde la fundación del mundo... 9 Por tanto, queda un reposo para el pueblo de Dios. 10 Porque el que ha entrado en su reposo, también ha reposado de sus obras, como Dios de las suyas".*

5. El quinto mandamiento es: *"Honra a tu padre y a tu madre, para que tus días se alarguen en la tierra que Jehová tu Dios te d a".* (Éxodo 20:12).

• Enseñanza: Debemos respetar y honrar a nuestros padres y a aquellos que están en autoridad. Entendemos que es Dios quien establece autoridad sobre nuestras vidas.

• Efesios 5:21–22: *"Someteos unos a otros en el temor de Dios. 22 Las casadas estén sujetas a sus propios maridos, como al Señor".*

• Efesios 6:1, 5, 9: *"Hijos, obedeced en el Señor a vuestros padres, porque esto es justo. ... 5 Siervos, obedeced a vuestros amos terrenales, con temor y temblor, con sencillez de vuestro corazón, como a Cristo...9 Y vosotros, amos, haced con ellos lo mismo, dejando las amenazas, sabiendo que el Señor de ellos y vuestro está en los cielos, y que para él no hay acepción de personas".*

• Romanos 13:1: *"Sométase toda persona a las autoridades superiores; porque no hay autoridad, sino de parte de Dios, y las que hay, por Dios, han sido establecidas".*

• Romanos 12:10: *"Amaos los unos a los otros con amor fraternal; en cuanto a honra, prefiriéndoos los unos a los otros".*

• Prohíbe: Que seamos rebeldes o desobedientes contra los padres y otros en cualquier forma de autoridad, incluyendo la autoridad civil.

• Romanos 13:7–8: *"Pagad a todos lo que debéis: al que tributo, tributo; al que impuesto, impuesto; al que respeto, respeto; al que honra, honra. 8 No debáis a nadie nada, sino el amaros unos a otros; porque el que ama al prójimo, ha cumplido la ley".*

6. El sexto mandamiento es: *"No matarás".* (Éxodo 20:13).

• Enseñanza: Que toda vida es sagrada y preciosa, aun la que está en estado de embrión en el vientre. Dios no nos ha dado la potestad de la vida y la muerte sobre otros. Debemos preservar la vida, en especial la de los inocentes y aquellos en necesidad.

• Salmos 82:3–4: *"Defended al débil y al huérfano; haced justicia al afligido y al menesteroso. 4 Librad al afligido y al necesitado; libradlo de mano de los impíos".*

• Mateo 10:23: *"Cuando os persigan en esta ciudad, huid a la otra; porque de cierto os digo, que no acabaréis de recorrer todas las ciudades de Israel, antes que venga el Hijo del Hombre".*

• Efesios 5:29: *"Porque nadie aborreció jamás a su propia carne, sino que la sustenta y la cuida, como también Cristo a la iglesia".*

• Prohíbe: No debemos quitarles la vida a otros o a nosotros mismos. Ese derecho solo es de Dios. Odio o maledicencia contra otro es igual a asesinarlo.

• Génesis 9:6: *"El que derramaré sangre de hombre, por el hombre su sangre será derramada; porque a imagen de Dios es hecho el hombre".*

• Mateo 5:22: *"Pero yo os digo que cualquiera que se enoje contra su hermano, será culpable de juicio; y cualquiera que diga: Necio, a su hermano, será culpable ante el concilio; y cualquiera que le diga: Fatuo, quedará expuesto al infierno de fuego".*

• 1 Juan 3:15: *"Todo aquel que aborrece a su hermano es homicida; y sabéis que ningún homicida tiene vida eterna permanente en él".*

7. El séptimo mandamiento es: *"No cometerás adulterio".* (Éxodo 20:14).

• Enseñanza: Que el matrimonio es un pacto hecho delante de Dios y es el plan de Dios para el hogar. Debemos vivir vidas puras, sin. Provocar a otros o a nosotros mismos a pecados sexuales por lo que hacemos o decimos.

• Mateo 5:28: *"Pero yo os digo que cualquiera que mira a una mujer para codiciarla, ya adulteró con ella en su corazón".*

• 1 Corintios 7:2: *"Pero a causa de las fornicaciones, cada uno tenga su propia mujer, y cada una tenga su propio marido".*

• Efesios 4:29: *"Ninguna palabra corrompida salga de vuestra boca, sino la que sea buena para la necesaria edificación, a fin de dar gracia a los oyentes".*

• Colosenses 4:6: *"Sea vuestra palabra siempre con gracia, sazonada con sal, para que sepáis cómo debéis responder a cada uno".*

• 1 Tesalonicenses. 4:4–5: *"Que cada uno de vosotros sepa tener su propia esposa en santidad y honor; 5 no en pasión de concupiscencia, como los gentiles que no conocen a Dios".*

• Prohíbe: No debemos tener ninguna clase de relación íntima fuera del vínculo del matrimonio. Esto incluye cualquier pensamiento sucio o impuro. El matrimonio está diseñado para ser una unión de por vida entre un hombre y una mujer, sin romperse por ninguna cosa, solo la muerte.

• Efesios 5:3–4: *"Pero fornicación, y toda inmundicia, o avaricia, ni aun se nombre entre vosotros, como conviene a santos; 4 ni palabras deshonestas, ni necedades, ni truhanerías, que no convienen, sino antes bien acciones de gracias".*

8. El octavo mandamiento es: *"No hurtarás".* (Éxodo 20:15).

• Enseñanza: Que debemos ganarnos la vida y avanzar en ella sin aprovecharnos de otras personas. Debemos respetar la propiedad de otros. Nuestras finanzas son testigos de nuestra relación con Dios.

• Levíticos 25:35: *"Y cuando tu hermano empobreciere y se acogiere a ti, tú lo ampararás; como forastero y extranjero vivirá contigo".*

• Proverbios 13:4: *"El alma del perezoso desea, y nada alcanza; más el alma de los diligentes será prosperada".*

• Proverbios 27:23: *"Sé diligente en conocer el estado de tus ovejas, Y mira con cuidado por tus rebaños".*

• 2 Tesalonicenses 3:10–12: *"Porque también cuando estábamos con vosotros, os ordenábamos esto: Si alguno no quiere trabajar, tampoco coma. 11 Porque oímos que algunos de entre vosotros andan desordenadamente, no trabajando en nada, sino entremetiéndose en lo ajeno.*

12 A los tales mandamos y exhortamos por nuestro Señor Jesucristo, que, trabajando sosegadamente, coman su propio pan".

• Prohíbe: Que no debemos tomar la propiedad ajena o defraudar a alguien para poseer lo que tiene. Esto incluye negocios de cualquier naturaleza que tengamos.

• Proverbios 21:6: *"Amontonar tesoros con lengua mentirosa, es aliento fugaz de aquellos que buscan la muerte".*

• Efesios 4:28: *"El que hurtaba, no hurte más, sino que trabaje, haciendo con sus manos lo que es bueno, para que tenga que compartir con el que padece necesidad".*

• 1 Timoteo 5:8: *"Porque si alguno no provee para los suyos, y mayormente para los de su casa, ha negado la fe, y es peor que un incrédulo".*

9. El noveno mandamiento es: *"No darás falso testimonio contra tu prójimo".* (Éxodo 20:16).

• Enseñanza: Que debemos evitar toda mentira o falsedad, y toda calumnia contra nuestro prójimo o cualquiera. Debemos hablar la verdad y decir solo lo que edifica.

• Proverbios 19:5: *"El testigo falso no quedará sin castigo, Y el que habla mentiras no escapará".*

• 1 Pedro 4:8: *"Y ante todo, tened entre vosotros ferviente amor; porque el amor cubrirá multitud de pecados".*

• Prohíbe: Que mintamos sobre cosas o personas. No debemos decir nada que perjudique Su buen nombre de ninguna manera.

• Lucas 6:37: *"No juzguéis, y no seréis juzgados; no condenéis, y no seréis condenados; perdonad, y seréis perdonados".*

• Santiago 4:11: *"Hermanos, no murmuréis los unos de los otros. El que murmura del hermano y juzga a su hermano, murmura de la ley y juzga a la ley; pero si tú juzgas a la ley, no eres hacedor de la ley, sino juez".*

10. El décimo mandamiento es: *"No codiciarás la casa de tu prójimo, no codiciarás la mujer de tu prójimo, ni su siervo, ni su criada, ni su buey, ni su asno, ni cosa alguna de tu prójimo".* (Éxodo 20:17).

• Enseñanza: Que debemos contentarnos con lo que poseemos y ser generosos. Nuestra actitud debe estar llena de deseos santos hacia los demás y regocijarnos en sus bendiciones.

• Salmos 37:4: *"Deléitate asimismo en Jehová, Y él te concederá las peticiones de tu corazón".*

• Romanos 12:15: *"Gozaos con los que se gozan; llorad con los que lloran".*

• 1 Corintios 13:4–6: *"El amor es sufrido, es benigno; el amor no tiene envidia, el amor no es jactancioso, no se envanece; 5 no hace nada indebido, no busca lo suyo, no se irrita, no guarda rencor; 6 no se goza de la injusticia, más se goza de la verdad".*

• Filipenses 2:4: *"No mirando cada uno por lo suyo propio, sino cada cual también por lo de los otros".*

• Prohíbe: Nos pide que no seamos envidiosos de nada de lo que otro posee.

• 1 Timoteo 6:8–10: *"Así que, teniendo sustento y abrigo, estemos contentos con esto. 9 Porque los que quieren enriquecerse caen en tentación y lazo, y en muchas codicias necias y dañosas, que hunden a los hombres en destrucción y perdición; 10 porque raíz de todos los males es el amor al dinero, el cual codiciando algunos, se extraviaron de la fe, y fueron traspasados de muchos dolores".*

• Hebreos 13:5: *"Sean vuestras costumbres sin avaricia, contentos con lo que tenéis ahora; porque él dijo: No te desampararé, ni te dejaré".*

¿Cuál es el resumen de los Diez Mandamientos?

1. Los primeros cinco mandamientos, o primera tabla de la ley, trabajan con nuestra relación con Dios.

• Mateo 22:35–38: *"Y uno de ellos, intérprete de la ley, preguntó por tentarle, diciendo: 36 Maestro, ¿cuál es el gran mandamiento en la ley?" 37 Jesús le dijo: Amarás al Señor tu Dios con todo tu corazón, y con toda tu alma, y con toda tu mente. 38 Este es el primer y grande mandamiento".*

2. Los últimos cinco mandamientos, o segunda tabla de la ley, trabajan con nuestra relación con otras personas.

• Mateo 22:39–40: *"Y el segundo es semejante: Amarás a tu prójimo como a ti mismo. 40 De estos dos mandamientos depende toda la ley y los profetas".*

3. El resumen de toda la ley es amor: amor por Dios y por las personas.

• Romanos 13:8, 10: *"No debáis a nadie nada, sino el amaros unos a otros; porque el que ama al prójimo, ha cumplido la ley...10 El amor no hace mal al prójimo; así que el cumplimiento de la ley es el amor".*

¿Cuál es el resultado de no cumplir la Ley?

1. El resultado de no cumplir la ley es la separación de Dios y recibir una maldición.

• Gálatas 3:10: *"Porque todos los que dependen de las obras de la ley están bajo maldición, pues escrito está: Maldito todo aquel que no permaneciere en todas las cosas escritas en el libro de la ley, para hacerlas".*

2. Ningún hombre puede ser salvo guardando la ley. Somos salvos solo por gracia a través de la fe solamente.

• Gálatas 3:11: *"Y que por la ley ninguno se justifica para con Dios, es evidente, porque: "El justo por la fe vivirá".*

3. Nadie puede guardar la ley perfectamente. Pero Cristo cargó en sí mismo la maldición de la ley para que nosotros pudiéramos heredar las bendiciones de Dios prometidas a Abraham. Jesús fue el único nacido de mujer que caminó en fe y obediencia.

• Gálatas 3:13–14: *"Cristo nos redimió de la maldición de la ley, hecho por nosotros maldición (porque está escrito: Maldito todo el que es colgado en un madero), 14 para que en Cristo Jesús la bendición de Abraham alcanzase a los gentiles, a fin de que por la fe recibiésemos la promesa del Espíritu".*

¿Cómo confirmó Dios Su pacto relacional con Israel?

1. Dios habló con Moisés en el Monte Sinaí para establecer Su pacto y ley con Israel.

• Éxodo 19:3–7: *"Y Moisés subió a Dios; y Jehová lo llamó desde el monte, diciendo: Así dirás a la casa de Jacob, y anunciarás a los hijos de Israel: 4 Vosotros visteis lo que hice a los egipcios, y cómo os tomé sobre alas de águilas, y os he traído a mí.*

5 Ahora, pues, si diereis oído a mi voz, y guardaréis mi pacto, vosotros seréis mi especial tesoro sobre todos los pueblos; porque mía es toda la tierra. 6 Y vosotros me seréis un reino de sacerdotes, y de gente santa. Estas son las palabras que dirás a los hijos de Israel. 7 Entonces vino Moisés, y llamó a los ancianos del pueblo, y expuso en presencia de ellos todas estas palabras que Jehová le había mandado".

2. Moisés leyó en voz alta al pueblo de Israel todas las palabras de la ley.

• Éxodo 24:7–8: *"Y tomó el libro del pacto, y lo leyó a oídos del pueblo, el cual dijo: Haremos todas las cosas que Jehová ha dicho, y obedeceremos. 8 Entonces Moisés tomó la sangre y roció sobre el pueblo, y dijo: He aquí la sangre del pacto que Jehová ha hecho con vosotros sobre todas estas cosas".*

¿Fue Israel capaz de mantener la Ley y el pacto de Dios?

¡No! Israel nunca fue capaz de mantener la ley y el pacto con Dios. Si algún hombre iba a tener una relación con Dios, no podría ser por el Antiguo Testamento. Dios anunció por los profetas que Él traería un Nuevo Pacto.

• Jeremías 31:31–32: *"He aquí que vienen días, dice Jehová, en los cuales haré nuevo pacto con la casa de Israel y con la casa de Judá. 32 No como el pacto que hice con sus padres el día que tomé su mano para sacarlos de la tierra de Egipto; porque ellos invalidaron mi pacto, aunque fui yo un marido para ellos, dice Jehová".*

• Hebreos 8:7–8, 13: *"Porque si aquel primero hubiera sido sin defecto, ciertamente no se hubiera procurado lugar para el segundo. 8 Porque reprendiéndolos dice: He aquí vienen días, dice el Señor, en que estableceré con la casa de Israel y la casa de Judá un nuevo pacto...13 Al decir: Nuevo pacto, ha dado por viejo al primero; y lo que se da por viejo y se envejece, está próximo a desaparecer".*

13

Trasladados de Pacto a Reino

TOMANDO POSESIÓN DE LAS PROMESAS DE DIOS.

La declaración de "tomar posesión de las promesas de Dios" hace referencia a recibir y apropiarse de las bendiciones y promesas que le pertenecen a los hijos de Dios a través de la Biblia. Es un acto de fe y obediencia.

¿Por cuál derecho la nación de Israel tomó posesión de la tierra de Canaán?

1. Israel tomó posesión por virtud de las promesas hechas por Dios al padre Abraham.

• Génesis 12:7: *"Y apareció Jehová a Abram, y le dijo: A tu descendencia daré esta tierra. Y edificó allí un altar a Jehová, quien le había aparecido".*

• Génesis 17:8: *"Y te daré a ti, y a tu descendencia después de ti, la tierra en que moras, toda la tierra de Canaán en heredad perpetua; y seré el Dios de ellos".*

2. Israel tomó posesión por la confirmación de la promesa de Dios a través de Moisés.

• Éxodo 33:1: *"Jehová dijo a Moisés: Anda, sube de aquí, tú y el pueblo que sacaste de la tierra de Egipto, a la tierra de la cual juré a Abraham, Isaac y Jacob, diciendo: A tu descendencia la daré".*

• Deuteronomio 1:8: *"Mirad, yo os he entregado la tierra; entrad y poseed la tierra que Jehová juró a vuestros padres Abraham, Isaac y Jacob, que les daría a ellos y a su descendencia después de ellos".*

3. Israel tomó posesión de la tierra como una herencia de Dios.

• Deuteronomio 16:20: *"La justicia, la justicia seguirás, para que vivas y heredes la tierra que Jehová tu Dios te da".*

¿Qué tenía que hacer Israel para poder tomar posesión de su herencia?

1. Para tomar posesión de su herencia, Israel debería tener fe en la Palabra de Dios y en Su provisión.

• Josué 1:3, 6: *"3 Yo os he entregado, como lo había dicho a Moisés, todo lugar que pisare la planta de vuestro pie". 6"Esfuérzate y sé valiente; porque tú repartirás a este pueblo por heredad la tierra de la cual juré a sus padres que la daría a ellos".*

2. Para tomar posesión de su herencia, Israel debía obedecer a los líderes que Dios había puesto sobre ellos.

• Números 27:16–18: *"Ponga Jehová, Dios de los espíritus de toda carne, un varón sobre la congregación, 17 que salga delante de ellos y que entre delante de ellos, que los saque y los introduzca, para que la congregación de Jehová no sea como ovejas sin pastor. 18 Y Jehová dijo a Moisés: Toma a Josué, hijo de Nun, varón en el cual hay espíritu, y pondrás tu mano sobre él".*

• Josué 1:1–2: *"Aconteció después de la muerte de Moisés, siervo de Jehová, que Jehová habló a Josué, hijo de Nun, servidor de Moisés, diciendo: 2 Mi siervo Moisés ha muerto; ahora, pues, levántate y pasa este Jordán, tú y todo este pueblo, a la tierra que yo les doy a los hijos de Israel".*

3. Para tomar posesión de su herencia, Israel renovó su pacto con Dios a través de la señal de la circuncisión.

• Josué 5:2–5: *"En aquel tiempo, Jehová dijo a Josué: Hazte cuchillos afilados, y vuelve a circuncidar la segunda vez a los hijos de Israel. 3 Y Josué se hizo cuchillos afilados, y circuncidó a los hijos de Israel en el collado de Aralot. 4 Esta es la causa por la cual Josué los circuncidó: Todo el pueblo que había salido de Egipto, los varones, todos los hombres de guerra, habían muerto en el desierto, por el camino, después de que salieron de Egipto. 5 Pues todos los del pueblo que habían salido, estaban circuncidados; más todo el pueblo que había nacido en el desierto, por el camino, después que hubieron salido de Egipto, no estaba circuncidado".*

4. Para tomar posesión de su herencia, Israel debía obedecer la ley de Dios. Había bendiciones por obedecer y también había maldiciones por desobedecer la ley.

• Deuteronomio 11:26–28: *"He aquí yo pongo hoy delante de vosotros la bendición y la maldición: 27 la bendición, si oyereis los mandamientos de Jehová vuestro Dios, que yo os prescribo hoy, 28 y la maldición, si no oyereis los mandamientos de Jehová vuestro Dios, y os apartaréis del camino que yo os ordeno hoy, para ir en pos de dioses ajenos que no habéis conocido".*

• Josué 1:7: *"Solamente esfuérzate y sé muy valiente, para cuidar de hacer conforme a toda la ley que mi siervo Moisés te mandó; no te apartes de ella, ni a diestra ni a siniestra, para que seas prosperado en todas las cosas que emprendas".*

¿Israel obedeció a Dios bajo Josué y tomó la tierra prometida?

1. Israel obedeció a Dios todos los días de Josué. Dios les entrego a ellos la tierra que le había prometido a sus padres.

• Josué 24:31*: "Y sirvió Israel a Jehová todo el tiempo de Josué, y todo el tiempo de los ancianos que sobrevivieron a Josué, y que sabían todas las obras que Jehová había hecho por Israel".*

2. Israel tomó posesión de toda la tierra que Dios le había prometido.

• Josué 21:43–45: *"De esta manera dio Jehová a Israel toda la tierra que había jurado dar a sus padres, y la poseyeron y habitaron en ella. 44 Y Jehová les dio reposo alrededor, conforme a todo lo que había jurado a sus padres; y ninguno de todos sus enemigos pudo hacerles frente, porque Jehová entregó en sus manos a todos sus enemigos. 45 No faltó palabra de todas las buenas promesas que Jehová había hecho a la casa de Israel; todo se cumplió".*

3. Israel obedeció la ley de Dios hasta después de la muerte de Josué.

• Jueces 2:8, 10-12: *"8 Peroro murió Josué, hijo de Nun, siervo de Jehová, siendo de ciento diez años". "10 Y toda aquella generación también fue reunida a sus padres. Y se levantó después de ellos otra generación que no conocía a Jehová, ni la obra que él había hecho por Israel. 11 Después los hijos de Israel hicieron lo malo ante los ojos de Jehová, y sirvieron a los baales. 12 Dejaron a Jehová el Dios de sus padres, que los había sacado de la tierra de Egipto, y se fueron tras otros dioses, los dioses de los pueblos que estaban en sus alrededores, a los cuales adoraron; y provocaron a ira a Jehová".*

¿Cómo respondió Dios a la desobediencia del pueblo de Israel?

Dios respondió a la desobediencia del pueblo de Israel con juicios, disciplina y exilio, pero también con misericordia y promesas de restauración para quienes se arrepintieran.

1. Dios respondió a su desobediencia, entregándolos a las naciones paganas a cuyos dioses habían escogido servir.

• Jueces 2:14–15: *"Y se encendió contra Israel el furor de Jehová, el cual los entregó en manos de robadores que los despojaron, y los vendió en mano de sus enemigos de alrededor; y no pudieron ya hacer frente a sus enemigos. 15 Por dondequiera que salían, la mano de Jehová estaba contra ellos para mal, como Jehová había dicho, y como Jehová se lo había jurado; y tuvieron gran aflicción".*

2. Dios respondió a la desobediencia, mostrándoles gracia y misericordia cuando ellos clamaron a Él. Levantó jueces que libraron al pueblo de sus enemigos.

• Jueces 2:16: *"Y Jehová levantó jueces que los librasen de mano de los que les despojaban".*

• Nehemías 9:27: *"Entonces los entregaste en mano de sus enemigos, los cuales los afligieron. Pero en el tiempo de su tribulación clamaron a ti, y tú, desde los cielos, los oíste; y según tu gran misericordia les enviaste libertadores para que los salvasen de mano de sus enemigos".*

• Salmos 106:45: *"Y se acordaba de su pacto con ellos, Y se arrepentía conforme a la muchedumbre de sus misericordias".*

3. Dios respondió a su desobediencia enviándoles profetas que se encargaban de recordarles sobre su relación con Dios.

¿Quién fue Samuel?

1. Samuel fue el último juez de Israel y el primero en la línea de los profetas.

• 1 Samuel 3:20: *"Y todo Israel, desde Dan hasta Beerseba, conoció que Samuel era fiel profeta de Jehová".*

• 1 Samuel 7:15: *"Y juzgó Samuel a Israel todo el tiempo que vivió".*

2. Samuel escuchó las quejas del pueblo que querían un rey igual que las naciones alrededor de ellos. Samuel estaba disgustado por la petición.

• 1 Samuel 8:4–6: *"Entonces todos los ancianos de Israel se juntaron, y vinieron a Ramá para ver a Samuel, 5 y le dijeron: He aquí que tú has envejecido, y tus hijos no andan en tus caminos; por tanto, constitúyenos ahora un rey que nos juzgue, como tienen todas las naciones. 6 Pero no agradó a Samuel esta palabra que dijeron: Danos un rey que nos juzgue. Y Samuel oró a Jehová".*

3. Dios usó a Samuel para establecer el reino de Israel. Fue Samuel quien ungió a los primeros reyes de Israel.

• 1 Samuel 10:25: *"Samuel recitó luego al pueblo las leyes del reino, y las escribió en un libro, el cual guardó delante de Jehová".*

14

Estableciendo el Reino

INICIANDO EL GOBIERNO DE DIOS EN LA TIERRA

¿A quién quería Dios como rey de Israel?

1. Dios mismo quería ser el Rey del pueblo de Israel. Es Dios quien reina sobre todos aquellos que se someten a Su reinado.

• Jueces 8:23: *"Más Gedeón respondió: No seré señor sobre vosotros, ni mi hijo os señoreará: Jehová señoreará sobre vosotros".*

• Salmos 74:12: *"Pero Dios es mi rey desde tiempo antiguo; El que obra salvación en medio de la tierra".*

• Isaías 33:22: *"Porque Jehová es nuestro juez, Jehová es nuestro legislador, Jehová es nuestro Rey; él mismo nos salvará".*

• Ósea 13:9–10: *"Te perdiste, oh Israel, más en mí está tu ayuda. 10 ¿Dónde está tu rey, para que te guarde con todas tus ciudades; y tus jueces, de los cuales dijiste: Dame rey y príncipes?"*

2. Pero Israel rechazó a Dios como Rey. Ellos deseaban un rey de carne como los demás pueblos de la tierra. Ellos decían que Samuel estaba muy viejo y que sus hijos no podrían gobernarlos.

• 1 Samuel 8:4–6: *"Entonces todos los ancianos de Israel se juntaron, y vinieron a Ramá para ver a Samuel, 5 y le dijeron: He aquí que tú has envejecido, y tus hijos no andan en tus caminos; por tanto, constitúyenos ahora un rey que nos juzgue, como tienen todas las naciones. 6 Pero no agradó a Samuel esta palabra que dijeron: Danos un rey que nos juzgue. Y Samuel oró a Jehová".*

¿Cómo respondió Dios al deseo del pueblo de Israel por un rey terrenal?

1. A Dios le disgusto ese reclamo.

• 1 Samuel 8:7: *"Y dijo Jehová a Samuel: Oye la voz del pueblo en todo lo que te digan; porque no te han desechado a ti, sino a mí me han desechado, para que no reine sobre ellos".*

2. Dios advirtió a la nación que los reyes terrenales eran duros y demandantes. Aun así, con corazones endurecidos, Israel rechazó a Dios. El aviso de Dios se cumplió.

• 1 Samuel 8:11–22: *"Dijo, pues: Así hará el rey que reinará sobre vosotros: tomará vuestros hijos, y los pondrá en sus carros y en su gente de a caballo, para que corran delante de su carro; 12 y nombrará para sí jefes de miles y jefes de cincuentenas; los pondrá asimismo a que aren sus campos y sieguen sus mieses, y a que hagan sus armas de guerra y los pertrechos de sus carros. 13 Tomará también a vuestras hijas para que sean perfumadoras, cocineras y amasadoras. 14 Asimismo, tomará lo mejor de vuestras tierras, de vuestras viñas y de vuestros olivares, y los dará a sus siervos. 15 Diezmará vuestro grano y vuestras viñas, para dar a sus oficiales y a sus siervos.*

16 Tomará vuestros siervos y vuestras siervas, vuestros mejores jóvenes, y vuestros asnos, y con ellos hará sus obras. 17 Diezmará también vuestros rebaños, y seréis sus siervos. 18 Y clamaréis aquel día a causa de vuestro rey que os habréis elegido, más Jehová no os responderá en aquel día. 19 Pero el pueblo no quiso oír la voz de Samuel, y dijo: No, sino que habrá rey sobre nosotros; 20 y nosotros seremos también como todas las naciones, y nuestro rey nos gobernará, y saldrá delante de nosotros, y hará nuestras guerras. 21 Y oyó Samuel todas las palabras del pueblo, y las refirió en oídos de Jehová. 22 Y Jehová dijo a Samuel: Oye su voz, y pon rey sobre ellos. Entonces dijo Samuel a los varones de Israel: Idos cada uno a vuestra ciudad".

• 1 Reyes 12:13–14: *"Y el rey respondió al pueblo duramente, dejando el consejo que los ancianos le habían dado; 14 y les habló conforme al consejo de los jóvenes, diciendo: Mi padre agravó vuestro yugo, pero yo añadiré a vuestro yugo; mi padre os castigó con azotes, más yo os castigaré con escorpiones".*

3. Dios les trajo a Saúl para ser rey sobre la nación de Israel.

• 1 Samuel 9:16–17: *"Mañana a esta misma hora yo enviaré a ti un varón de la tierra de Benjamín, al cual ungirás por príncipe sobre mi pueblo Israel, y salvará a mi pueblo de mano de los filisteos; porque yo he mirado a mi pueblo, por cuánto su clamor ha llegado hasta mí. 17 Y luego que Samuel vio a Saúl, Jehová le dijo: He aquí este es el varón del cual te hablé; este gobernará a mi pueblo".*

¿Quién fue Saúl?

1. Saúl fue el primer rey de Israel.

• 1 Samuel 10:1: *"Tomando entonces Samuel una redoma de aceite, la derramó sobre su cabeza, y lo besó, y le dijo: ¿No te ha ungido Jehová por príncipe sobre su pueblo Israel?"*

• 1 Samuel 11:15: *"Y fue todo el pueblo a Gilgal, e invistieron allí a Saúl por rey delante de Jehová en Gilgal. Y sacrificaron allí ofrendas de paz delante de Jehová, y se alegraron mucho allí Saúl, y todos los de Israel".*

2. Saúl caminó con Dios al principio de su reinado y fue empoderado por el Espíritu de Dios.

• 1 Samuel 10:6–7: *"Entonces el Espíritu de Jehová vendrá sobre ti con poder, y profetizarás con ellos, y serás mudado en otro hombre. 7 Y cuando te hayan sucedido estas señales, haz lo que te viniere a la mano, porque Dios está contigo".*

• 1 Samuel 10:10: *"Y cuando llegaron allá al collado, he aquí la compañía de los profetas que venía a encontrarse con él; y el Espíritu de Dios vino sobre él con poder, y profetizó entre ellos".*

3. Saúl pecó contra Dios al tratar de usar el rol de un sacerdote.

• 1 Samuel 13:8–14: *"Y él esperó siete días, conforme al plazo que Samuel había dicho; pero Samuel no venía a Gilgal, y el pueblo se le desertaba. 9 Entonces dijo Saúl: Traedme holocausto y ofrendas de paz. Y ofreció el holocausto. 10 Y cuando él acababa de ofrecer el holocausto, he aquí Samuel que venía; y Saúl salió a recibirle, para saludarle. 11 Entonces Samuel dijo: ¿Qué has hecho? Y Saúl respondió: Porque vi que el pueblo se me desertaba, y que tú no venías dentro del plazo señalado, y que los filisteos estaban reunidos en Micmas, 12 me dije: Ahora descenderán los filisteos contra mí a Gilgal, y yo no he implorado el favor de Jehová. Me esforcé, pues, y ofrecí holocausto. 13 Entonces Samuel dijo a Saúl: Locamente has hecho; no guardaste el mandamiento de Jehová tu Dios que él te había ordenado; pues ahora Jehová hubiera confirmado tu reino sobre Israel para siempre. 14 Más ahora tu reino no será duradero. Jehová se ha buscado un varón conforme a su corazón, al cual Jehová ha designado para que sea príncipe sobre su pueblo, por cuanto tú no has guardado lo que Jehová te mandó".*

4. Saúl luego falló en obedecer por completo la Palabra de Dios dada a través del profeta Samuel y tanto el reino como el Espíritu de Dios le fueron retirados.

• 1 Samuel 15:3, 9, 14, 18-22, 26: *"3 Ve, pues, y hiere a Amalec, y destruye todo lo que tiene, y no te apiades de él; mata a hombres, mujeres, niños, y aun los de pecho, vacas, ovejas, camellos y asnos". 9 "Y Saúl y el pueblo perdonaron a Agag, y a lo mejor de las ovejas y del ganado mayor, de los animales engordados, de los carneros y de todo lo bueno, y no lo quisieron destruir; más todo lo que era vil y despreciable destruyeron". 14 "Samuel entonces dijo: ¿Pues qué balido de ovejas y bramido de vacas es este que yo oigo con mis oídos?"*

18 Y Jehová te envió en misión, y dijo: Ve, destruye a los pecadores de Amalec, y hazles guerra hasta que los acabes. 19 ¿Por qué, pues, no has oído la voz de Jehová, sino que vuelto al botín has hecho lo malo ante los ojos de Jehová? 20 Y Saúl respondió a Samuel: Antes bien, he obedecido la voz de Jehová, y fui a la misión que Jehová me envió, y he traído a Agag rey de Amalec, y he destruido a los amalecitas. 21 Más el pueblo tomó del botín ovejas y vacas, las primicias del anatema, para ofrecer sacrificios a Jehová tu Dios, en Gilgal. 22 Y Samuel dijo: ¿Se complace Jehová tanto en los holocaustos y víctimas, como en que se obedezca a las palabras de Jehová? Ciertamente, el obedecer es mejor que los sacrificios, y el prestar atención que la grosura de los carneros".

26"Y Samuel respondió a Saúl: No volveré contigo; porque desechaste la palabra de Jehová, y Jehová te ha desechado para que no seas rey sobre Israel".

5. Saúl se apartó por completo de Dios. Buscó el consejo de hechiceros y eventualmente murió derrotado, por su propia mano.

• 1 Samuel 28:7: *"Entonces Saúl dijo a sus criados: Buscadme una mujer que tenga espíritu de adivinación, para que yo vaya a ella y por medio de ella pregunte. Y sus criados le respondieron: He aquí hay una mujer en Endor que tiene espíritu de adivinación".*

• 1 Samuel 31:4: *"Entonces dijo Saúl a su escudero: Saca tu espada, y traspásame con ella, para que no vengan estos incircuncisos, y me traspasen, y me escarnezcan. Más su escudero no quería, porque tenía gran temor. Entonces tomó Saúl su propia espada y se echó sobre ella"*.

¿Quién fue David? ¿Cuál fue su relación con Dios?

1. David era el más pequeño de los hijos de Isaí. Un pastor de ovejas a quien Dios escogió para ser rey de Israel después de Saúl.

• 1 Samuel 16:1: *"Dijo Jehová a Samuel: ¿Hasta cuándo llorarás a Saúl, habiéndolo yo desechado para que no reine sobre Israel? Llena tu cuerno de aceite, y ven, te enviaré a Isaí de Belén, porque de sus hijos me he provisto de rey"*.

• 1 Samuel 16:13: *"Y Samuel tomó el cuerno del aceite, y lo ungió en medio de sus hermanos; y desde aquel día en adelante el Espíritu de Jehová vino sobre David. Se levantó luego Samuel, y se volvió a Ramá"*.

• Salmos 78:70–72: *"Eligió a David su siervo, Y lo tomó de las majadas de las ovejas; 71 De tras las paridas lo trajo, Para que apacentase a Jacob su pueblo, Y a Israel su heredad. 72 Y los apacentó conforme a la integridad de su corazón, Los pastoreó con la pericia de sus manos"*.

2. David era un hombre *"conforme al corazón de Dios"*. No era como Saúl que servía a sus propios intereses, sino que serviría a Dios fielmente para ver el Reino de Dios establecido en Israel. David fue un hombre de fe y obediencia a Dios.

• 1 Samuel 13:14: *"Más ahora tu reino no será duradero. Jehová se ha buscado un varón conforme a su corazón, al cual Jehová ha designado para que sea príncipe sobre su pueblo, por cuanto tú no has guardado lo que Jehová te mandó"*.

3. David fue un adorador todo el tiempo. Escribió muchos salmos que fueron y aún son utilizados para adorar a Dios.

• Salmos 103:1: *"Bendice, alma mía, a Jehová, Y bendiga todo mi ser su santo nombre".*

• 2 Samuel 22:1–4: *"Habló David a Jehová las palabras de este cántico, el día en que Jehová le había librado de la mano de todos sus enemigos, y de la mano de Saúl. 2 Dijo: Jehová es mi roca, y mi fortaleza, y mi libertador; 3 Dios mío, fortaleza mía, en él confiaré; mi escudo, y el fuerte de mi salvación, mi alto refugio; Salvador mío, de violencia me libraste. 4 Invocaré a Jehová, quien es digno de ser alabado, Y seré salvo de mis enemigos".*

4. David también fue un hombre que le falló a Dios pecando, pero se arrepintió de su pecado y fue restaurado por Dios.

• 2 Samuel 11:2, 15, 17, 27: *"2 Y sucedió un día, al caer la tarde, que se levantó David de su lecho, y se paseaba sobre el terrado de la casa real; y vio desde el terrado a una mujer que se estaba bañando, la cual era muy hermosa.*

15 Y escribió en la carta, diciendo: Poned a Urías al frente, en lo más recio de la batalla, y retiraos de él, para que sea herido y muera.

17 Y saliendo luego los de la ciudad, pelearon contra Joab, y cayeron algunos del ejército de los siervos de David; y murió también Urías heteo.

27 Y pasado el luto, envió a David, y la trajo a su casa; y fue ella su mujer, y le dio a luz un hijo. Más esto que David había hecho, fue desagradable ante los ojos de Jehová".

• 2 Samuel 12:13: *"Entonces dijo David a Natán: Pequé contra Jehová. Y Natán dijo a David: También Jehová ha remitido tu pecado; no morirás".*

¿Cuál fue la promesa de Dios al rey David y cómo fue cumplida la misma?

1. Dios prometió que establecería el trono de David para siempre. Eso significaba que alguien de su linaje siempre estaría sentado en el trono de Israel.

• 2 Samuel 7:16: *"Y será afirmada tu casa y tu reino para siempre delante de tu rostro, y tu trono será estable eternamente".*

• Salmos 89:35–37: *"Una vez he jurado por mi santidad, Y no mentiré a David.36 Su descendencia será para siempre, Y su trono como el sol delante de mí.37 Como la luna será firme para siempre, Y como un testigo fiel en el cielo".*

• Salmos 132:11: *"En verdad juró Jehová a David, Y no se retractará de ello: De tu descendencia pondré sobre tu trono".*

• Jeremías 33:17: *"Porque así ha dicho Jehová: No faltará a David, varón que se siente sobre el trono de la casa de Israel".*

2. A pesar de que los descendientes de David e Israel fallaron, Dios cumplió Su promesa a través de la persona de Jesucristo, hijo de David.

• Isaías 9:6–7: *"Porque un niño nos es nacido, hijo nos es dado, y el principado sobre su hombro; y se llamará su nombre Admirable, Consejero, Dios Fuerte, Padre Eterno, Príncipe de Paz. 7 Lo dilatado de su imperio y la paz no tendrán límite, sobre el trono de David y sobre su reino, disponiéndolo y confirmándolo en juicio y en justicia desde ahora y para siempre".*

• Jeremías 23:5: *"He aquí que vienen días, dice Jehová, en que levantaré a David renuevo justo, y reinará como Rey, el cual será dichoso, y hará juicio y justicia en la tierra".*

• Lucas 1:32–33: *"Este será grande, y será llamado Hijo del Altísimo; y el Señor Dios le dará el trono de David, su padre; 33 y reinará sobre la casa de Jacob para siempre, y su reino no tendrá fin"*.

¿Cuál fue el significado espiritual del reinado de David?

1. Fue a través del reinado de David que Dios proféticamente reveló Su propósito en Cristo y en la Iglesia. David es un nombre profético para Cristo.

• Jeremías 30:9: *"Si no que servirán a Jehová su Dios, y a David, su rey, a quien yo les levantaré"*.

• Ezequiel 34:23: *"Y levantaré sobre ellas a un pastor, y él las apacentará; a mi siervo David, él las apacentará, y él les será por pastor"*.

2. El linaje de David es referido como su *"casa"* o *"tabernáculo"*, que Dios prometió establecer por siempre. Fue a través de la casa de David que Jesucristo, el Mesías, vendría a la tierra.

• 2 Samuel 7:10–11: *"Además, yo fijaré lugar a mi pueblo Israel, y lo plantaré, para que habite en su lugar, y nunca más sea removido, ni los inicuos le aflijan más, como al principio, 11 desde el día en que puse jueces sobre mi pueblo Israel; y a ti te daré descanso de todos tus enemigos. Asimismo, Jehová te hace saber que él te hará casa"*.

• 2 Samuel 7:27: *"Porque tú, Jehová de los ejércitos, Dios de Israel, revelaste al oído de tu siervo, diciendo: Yo te edificaré casa. Por esto tu siervo ha hallado en su corazón valor para hacer delante de ti esta súplica"*.

• Hechos. 2:29–32: *"Varones hermanos, se os puede decir libremente del patriarca David, que murió y fue sepultado, y su sepulcro está con nosotros hasta el día de hoy. 30 Pero siendo profeta, y sabiendo que con juramento Dios le había jurado que de su descendencia, en cuanto a la carne, levantaría al Cristo para que se sentase en su trono, 31 viéndolo antes, habló de la resurrección de Cristo, que su alma no fue dejada en el Hades, ni su carne vio corrupción. 32 A este Jesús resucitó Dios, de lo cual todos nosotros somos testigos".*

• Hechos. 15:14–17: *"Simón ha contado cómo Dios visitó por primera vez a los gentiles, para tomar de ellos pueblo para su nombre. 15 Y con esto concuerdan las palabras de los profetas, como está escrito: 16 Después de esto volveré Y reedificaré el tabernáculo de David, que está caído; Y repararé sus ruinas, Y lo volveré a levantar, 17 Para que el resto de los hombres busque al Señor, Y todos los gentiles, sobre los cuales es invocado mi nombre".*

¿Quién fue Salomón? ¿Cuál fue su relación con Dios?

1. Salomón fue hijo del rey David y tercer rey de Israel.

• 1 Reyes 2:12: *"Y se sentó Salomón en el trono de David, su padre, y su reino fue firme en gran manera".*

• 1 Crónicas 29:23: *"Y se sentó Salomón por rey en el trono de Jehová, en lugar de David, su padre, y fue prosperado; y le obedeció todo Israel".*

2. Salomón fue encomendado por Dios a levantarle templo. El templo sería el lugar en donde habitaría la Gloria de Dios en la tierra.

• 1 Reyes 5:5: *"Yo, por tanto, he determinado ahora edificar casa al nombre de Jehová mi Dios, según lo que Jehová habló a David, mi padre, diciendo: Tu hijo, a quien yo pondré en lugar tuyo en tu trono, él edificará casa a mi nombre".*

• 1 Reyes 8:10–11: *"Y cuando los sacerdotes salieron del santuario, la nube llenó la casa de Jehová. 11 Y los sacerdotes no pudieron permanecer para ministrar por causa de la nube; porque la gloria de Jehová había llenado la casa de Jehová".*

• 2 Crónicas 7:1: *"Cuando Salomón acabó de orar, descendió fuego de los cielos, y consumió el holocausto y las víctimas; y la gloria de Jehová llenó la casa".*

3. Salomón falló a Dios casándose con esposas de países paganos y permitiéndoles traer sus dioses falsos.

• 1 Reyes 11:4–6: *"Y cuando Salomón era ya viejo, sus mujeres inclinaron su corazón tras dioses ajenos, y su corazón no era perfecto con Jehová su Dios, como el corazón de su padre David. 5 Porque Salomón siguió a Astoret, diosa de los sidonios, y a Milcom, ídolo abominable de los amonitas. 6 E hizo Salomón lo malo ante los ojos de Jehová, y no siguió cumplidamente a Jehová como David, su padre".*

¿Cuál fue el resultado del fracaso de Salomón delante de Dios?

1. El reino de Salomón le fue quitado y dado a alguien fuera del linaje de David. Sin embargo, Dios preservó un *"remanente"* del reino de David para cumplir Su promesa hecha a este.

• 1 Reyes 11:11–13: *"11 Y dijo Jehová a Salomón: Por cuanto ha habido esto en ti, y no has guardado mi pacto y mis estatutos, que yo te mandé, romperé de ti el reino, y lo entregaré a tu siervo. 12 Sin embargo, no lo haré en tus días, por amor a David, tu padre; lo romperé de la mano de tu hijo. 13 Pero no romperé todo el reino, sino que daré una tribu a tu hijo, por amor a David, mi siervo, y por amor a Jerusalén, la cual yo he elegido".*

2. Luego de 120 años de unidad, el reino de Israel fue dividido en dos reinos después de la muerte de Salomón.

• 1 Reyes 11:31–32: *"Y dijo a Jeroboam: Toma para ti los diez pedazos; porque así dijo Jehová Dios de Israel: He aquí que yo rompo el reino de la mano de Salomón, y a ti te daré diez tribus;*

32 y él tendrá una tribu por amor a David, mi siervo, y por amor a Jerusalén, ciudad que yo he elegido de todas las tribus de Israel".

3. Todo lo que Salomón edificó fue destruido o capturado por los enemigos del pueblo de Dios.

• 2 Reyes 25:8–10: *"En el mes quinto, a los siete días del mes, siendo el año diecinueve de Nabucodonosor rey de Babilonia, vino a Jerusalén Nabuzaradán, capitán de la guardia, siervo del rey de Babilonia. 9 Y quemó la casa de Jehová, y la casa del rey, y todas las casas de Jerusalén; y todas las casas de los príncipes quemó a fuego. 10 Y todo el ejército de los caldeos que estaba con el capitán de la guardia derribó los muros alrededor de Jerusalén".*

¿Por qué y cómo permitió Dios que la nación de Israel fuera destruida?

1. Dios permitió la destrucción de Israel porque ellos no caminaron en fe y obediencia para con Él. Ellos escogieron ir tras los dioses falsos de naciones extranjeras.

• 2 Reyes 17:15–17: *"Y desecharon sus estatutos, y el pacto que él había hecho con sus padres, y los testimonios que él había prescrito a ellos; y siguieron la vanidad, y se hicieron vanos, y fueron en pos de las naciones que estaban alrededor de ellos, de las cuales Jehová les había mandado que no hiciesen a la manera de ellas. 16 Dejaron todos los mandamientos de Jehová su Dios, y se hicieron imágenes fundidas de dos becerros, y también imágenes de Asera, y adoraron a todo el ejército de los cielos, y sirvieron a Baal; 17 e hicieron pasar a sus hijos y a sus hijas por fuego; y se dieron a adivinaciones y agüeros, y se entregaron a hacer lo malo ante los ojos de Jehová, provocándole a ira".*

• 2 Reyes 21:9–12: *"Más ellos no escucharon; y Manasés los indujo a que hiciesen más mal que las naciones que Jehová destruyó delante de los hijos de Israel. 10 Habló, pues, Jehová por medio de sus siervos los profetas, diciendo*

11 Por cuanto Manasés rey de Judá ha hecho estas abominaciones, y ha hecho más mal que todo lo que hicieron los amorreos que fueron antes de él, y también ha hecho pecar a Judá con sus ídolos; 12 por tanto, así ha dicho Jehová el Dios de Israel: He aquí yo traigo tal mal sobre Jerusalén y sobre Judá, que al que lo oyere le retiñirán ambos oídos".

2. Después de advertir a través de los profetas a las tribus del norte de Israel, Dios permitió que fueran llevados en cautividad para Asiria.

• 2 Reyes 17:20: *"Y desechó Jehová a toda la descendencia de Israel, y los afligió, y los entregó en manos de saqueadores, hasta echarlos de su presencia".*

3. Después de advertir a las tribus del sur del reino de Judá, Dios permitió que fueran llevados en cautividad a Babilonia por 70 años.

• 2 Reyes 23:27: *"Y dijo Jehová: También quitaré de mi presencia a Judá, como quité a Israel, y desecharé a esta ciudad que había escogido, a Jerusalén, y a la casa de la cual había yo dicho: Mi nombre estará allí".*

• Jeremías 25:11: *"Toda esta tierra será puesta en ruinas y en espanto; y servirán estas naciones al rey de Babilonia setenta años".*

¿Cómo los asuntos de fe y obediencia jugaron un papel en el destino de la nación de Israel?

Los reyes que reinaron después de David en Judá no siempre fueron fieles y obedientes a Dios como lo fue David.

• 2 Reyes 16:2: *"Cuando comenzó a reinar, Acaz era de veinte años, y reinó en Jerusalén dieciséis años; y no hizo lo recto ante los ojos de Jehová su Dios, como David, su padre".*

• 2 Reyes 22:2: *"E hizo lo recto ante los ojos de Jehová, y anduvo en todo el camino de David, su padre, sin apartarse a derecha ni a izquierda".*

15

El Mensaje de los Profetas

LA PROCLAMACIÓN DE LA VOLUNTAD Y PROMESAS DE DIOS

¿Qué es un profeta?

1. Un profeta es uno que habla la Palabra de Dios a Su pueblo bajo la inspiración del Espíritu Santo.

• 1 Samuel 9:9: *"(Antiguamente en Israel cualquiera que iba a consultar a Dios, decía así: Venid y vamos al vidente; porque al que hoy se llama profeta, entonces se le llamaba vidente.)"*

2. Un profeta llama al pueblo de Dios, a la fe y a la obediencia a Dios.

• Isaías 10:20: *"Acontecerá en aquel tiempo, que los que hayan quedado de Israel y los que hayan quedado de la casa de Jacob, nunca más se apoyarán en el que los hirió, sino que se apoyarán con verdad en Jehová, el Santo de Israel".*

• Isaías 30:15: *"Porque así dijo Jehová el Señor, el Santo de Israel: En descanso y en reposo seréis salvos; en quietud y en confianza será vuestra fortaleza. Y no quisisteis".*

• Isaías 57:13: *"Cuando clames, que te libren tus ídolos; pero a todos ellos llevará el viento, un soplo los arrebatará; más el que en mí confía tendrá la tierra por heredad, y poseerá mi santo monte".*

3. Un profeta puede hablar sobre lo que habrá de suceder en un futuro.

• Daniel 7:13–14: *"Miraba yo en la visión de la noche, y he aquí con las nubes del cielo, venía uno como un hijo de hombre, que vino hasta el Anciano de días, y le hicieron acercarse delante de él. 14 Y le fue dado dominio, gloria y reino, para que todos los pueblos, naciones y lenguas le sirvieran; su dominio es dominio eterno, que nunca pasará, y su reino, uno que no será destruido".*

4. Un profeta a veces profetizará con acompañamiento musical.

• 2 Reyes 3:15: *"Más ahora traedme un tañedor. Y mientras el tañedor tocaba, la mano de Jehová vino sobre Eliseo".*

¿Quiénes eran los Profetas del Antiguo Testamento?

1. Había un grupo que llamamos los profetas mayores: *Isaías, Ezequiel, Jeremías y Daniel*

2. Había otro grupo que llamamos profetas menores. (No son llamados menores por asunto de importancia, sino más bien por lo largo del contenido en sus libros): *Oseas, Abdías, Nahum, Hageo, Joel, Jonás, Habacuc, Zacarías, Amos, Miqueas, Sofonías y Malaquías.*

¿Cuáles son los criterios para entender las palabras de los profetas?

1. Recordar que la Biblia es un libro espiritual y recibimos la ayuda del Espíritu Santo para entenderlos.

• Ezequiel 11:5: *"Y vino sobre mí el Espíritu de Jehová, y me dijo: Di: Así ha dicho Jehová: Así habéis hablado, oh casa de Israel, y las cosas que suben a vuestro espíritu, yo las he entendido".*

• 2 Pedro 1:20–21: *"Entendido primero esto, que ninguna profecía de la Escritura es de interpretación privada, 21 porque nunca la profecía fue traída por voluntad humana, sino que los santos hombres de Dios hablaron siendo inspirados por el Espíritu Santo".*

2. Debemos leerlos en luz de los tiempos en que escribieron (contexto histórico).

1 Pedro 1:10-11: *"Los profetas que profetizaron de la gracia destinada a vosotros, inquirieron y diligentemente indagaron acerca de esta salvación, escudriñando qué persona y qué tiempo indicaba el Espíritu de Cristo que estaba en ellos, el cual anunciaba de antemano los sufrimientos de Cristo, y las glorias que vendrían tras ellos."*

3. Debemos leerlos en términos del cumplimiento en el Nuevo Testamento.

• Mateo 13:14–17: *"De manera que se cumple en ellos la profecía de Isaías, que dijo: De oído oiréis, y no entenderéis; Y viendo veréis, y no percibiréis. 15 Porque el corazón de este pueblo se ha engrosado, Y con los oídos oyen pesadamente, Y han cerrado sus ojos; para que no vean con los ojos, Y oigan con los oídos, Y con el corazón entiendan, Y se conviertan, Y yo los sane. 16 Pero bienaventurados vuestros ojos, porque ven; y vuestros oídos, porque oye 17 Porque de cierto os digo, que muchos profetas y justos desearon ver lo que veis, y no lo vieron; y oír lo que oís, y no lo oyeron".*

• Lucas 4:20–21: *"Y enrollando el libro, lo dio al ministro, y se sentó; y los ojos de todos en la sinagoga estaban fijos en él. 21 Y comenzó a decirles: Hoy se ha cumplido esta Escritura delante de vosotros".*

• Hechos 2:14, 16.: *"Entonces Pedro, poniéndose en pie con los once, alzó la voz y les habló diciendo: Varones judíos, y todos los que habitáis en Jerusalén, esto os sea notorio, y oíd mis palabras. 16 Mas esto es lo dicho por el profeta Joel"*

4. Debemos leerlos en luz de su cumplimiento futuro.

• Hechos 3:19–21: *"Así que, arrepentíos y convertíos, para que sean borrados vuestros pecados; para que vengan de la presencia del Señor tiempos de refrigerio, 20 y él envíe a Jesucristo, que os fue antes anunciado; 21 a quien de cierto es necesario que el cielo reciba hasta los tiempos de la restauración de todas las cosas, de que habló Dios por boca de sus santos profetas que han sido desde tiempo antiguo".*

¿Cuál fue la misión de los profetas?

Los profetas transmitieron el mensaje de Dios y guiaron al pueblo con corrección, esperanza y revelación divina.

1. Llevar a las naciones de Israel y Judá de regreso a la fe y obediencia a Dios.

• Isaías 55:6–7: *"Buscad a Jehová mientras puede ser hallado, llamadle en tanto que está cercano. 7 Deje el impío su camino, y el hombre inicuo sus pensamientos, y vuélvase a Jehová, el cual tendrá de él misericordia, y al Dios nuestro, el cual será amplio en perdonar".*

• Jeremías 25:4–6: *"Y envió Jehová a vosotros todos sus siervos, los profetas, enviándoles desde temprano y sin cesar; pero no oísteis, ni inclinasteis vuestro oído para escuchar 5 cuando decían: Volveos ahora de vuestro mal camino y de la maldad de vuestras obras, y moraréis en la tierra que os dio Jehová a vosotros y a vuestros padres para siempre, y no vayáis en pos de dioses ajenos, sirviéndoles y adorándoles, ni me provoquéis a ira con la obra de vuestras manos; y no os haré mal".*

2. Recordarle al pueblo su pacto entre la nación y su Dios.

• 2 Reyes 17:13: *"Jehová amonestó entonces a Israel y a Judá por medio de todos los profetas y de todos los videntes, diciendo: Volveos de vuestros malos caminos, y guardad mis mandamientos y mis ordenanzas, conforme a todas las leyes que yo prescribí a vuestros padres, y que os he enviado por medio de mis siervos los profetas".*

• Jeremías 35:15: *"Y envié a vosotros todos mis siervos los profetas, desde temprano y sin cesar, para deciros: Volveos ahora cada uno de vuestro mal camino, y enmendad vuestras obras, y no vayáis tras dioses ajenos para servirles, y viviréis en la tierra que di a vosotros y a vuestros padres; más no inclinasteis vuestro oído, ni me oísteis".*

¿Cuál era el mensaje de los profetas?

Su mensaje actúa como una conexión entre Dios y Su pueblo, guiándolo hacia la verdad y el cumplimiento de Sus promesas.

1. El mensaje de los profetas para Israel y Judá era que deberían tornarse de sus malos caminos y regresar a Dios.

• 2 Reyes 17:13: *"Jehová amonestó entonces a Israel y a Judá por medio de todos los profetas y de todos los videntes, diciendo: Volveos de vuestros malos caminos, y guardad mis mandamientos y mis ordenanzas, conforme a todas las leyes que yo prescribí a vuestros padres, y que os he enviado por medio de mis siervos los profetas".*

• Isaías 55:6–7: *"Buscad a Jehová mientras puede ser hallado, llamadle en tanto que está cercano. 7 Deje el impío su camino, y el hombre inicuo sus pensamientos, y vuélvase a Jehová, el cual tendrá de él misericordia, y al Dios nuestro, el cual será amplio en perdonar".*

2. El mensaje de los profetas era que vendría juicio sobre aquellos que no sé arrepintieran.

• Ezequiel 7:3–4: *"Ahora será el fin sobre ti, y enviaré sobre ti mi furor, y te juzgaré según tus caminos; y pondré sobre ti todas tus abominaciones. 4 Y mi ojo no te perdonará, ni tendré misericordia; antes pondré sobre ti tus caminos, y en medio de ti estarán tus abominaciones; y sabréis que yo soy Jehová".*

• Ezequiel 18:30–32: *"Por tanto, yo os juzgaré a cada uno según sus caminos, oh casa de Israel, dice Jehová el Señor. Convertíos, y apartaos de todas vuestras transgresiones, y no os será la iniquidad causa de ruina. 31 Echad de vosotros todas vuestras transgresiones con que habéis pecado, y haceos un corazón nuevo y un espíritu nuevo. ¿Por qué moriréis, casa de Israel? 32 Porque no quiero la muerte del que muere, dice Jehová el Señor; convertíos, pues, y viviréis".*

3. El mensaje de los profetas era quc un remanente sobreviviría al cautiverio.

• Isaías 10:20–21: *"Acontecerá en aquel tiempo, que los que hayan quedado de Israel y los que hayan quedado de la casa de Jacob, nunca más se apoyarán en el que los hirió, sino que se apoyarán con verdad en Jehová, el Santo de Israel. 21 El remanente volverá, el remanente de Jacob volverá al Dios fuerte".*

• Jeremías 23:3: *"Y yo mismo recogeré el remanente de mis ovejas de todas las tierras adonde las eché, y las haré volver a sus moradas; y crecerán y se multiplicarán".*

¿Qué dijeron los profetas acerca de Jesucristo?

Los profetas del Antiguo Testamento hablaron de Jesucristo con anticipación, señalando Su venida, Su misión redentora y Su papel como Salvador.

1. Dijeron que del remanente saldría el Salvador del mundo, que vendría del linaje de David.

• Isaías 11:1: *"Saldrá una vara del tronco de Isaí, y un vástago retoñará de sus raíces".*

• Jeremías 23:5–6: *"He aquí que vienen días, dice Jehová, en que levantaré a David renuevo justo, y reinará como Rey, el cual será dichoso, y hará juicio y justicia en la tierra. 6 En sus días será salvo Judá, e Israel habitará confiado; y este será su nombre, con el cual le llamarán: Jehová, justicia nuestra".*

• Jeremías 33:15: *"En aquellos días y en aquel tiempo haré brotar a David un Renuevo de justicia, y hará juicio y justicia en la tierra".*

2. Que la muerte de este Salvador salvaría al pueblo de sus pecados.

• Isaías 53:4–7: *"Ciertamente llevó él nuestras enfermedades, y sufrió nuestros dolores; y nosotros le tuvimos por azotado, por herido de Dios, y abatido. 5 Más él herido fue por nuestras rebeliones, molido por nuestros pecados; el castigo de nuestra paz fue sobre él, y por su llaga fuimos nosotros curados. 6 Todos nosotros nos descarriamos como ovejas, cada cual se apartó por su camino; más Jehová cargó en él el pecado de todos nosotros. Angustiado él, y afligido, no abrió su boca; como cordero fue llevado al matadero; y como oveja delante de sus trasquiladores, enmudeció, y no abrió su boca".*

3. El Salvador traería un Nuevo Pacto que incluiría a todos los pueblos judíos y gentiles.

• Isaías 60:1–4: *"Levántate, resplandece; porque ha venido tu luz, y la gloria de Jehová ha nacido sobre ti. 2 Porque he aquí qué tinieblas cubrirán la tierra, y oscuridad las naciones; más sobre ti amanecerá Jehová, y sobre ti será vista su gloria. 3 Y andarán las naciones a tu luz, y los reyes al resplandor de tu nacimiento. 4 Alza tus ojos alrededor y mira, todos estos se han juntado, vinieron a ti; tus hijos vendrán de lejos, y tus hijas serán llevadas en brazos".*

• Jeremías 31:31–34: *"He aquí que vienen días, dice Jehová, en los cuales haré nuevo pacto con la casa de Israel y con la casa de Judá. 32 No como el pacto que hice con sus padres el día que tomé su mano para sacarlos de la tierra de Egipto; porque ellos invalidaron mi pacto, aunque fui yo un marido para ellos, dice Jehová. 33 Pero este es el pacto que haré con la casa de Israel después de aquellos días, dice Jehová: Daré mi ley en su mente, y la escribiré en su corazón; y yo seré a ellos por Dios, y ellos me serán por pueblo. 34 Y no enseñará más ninguno a su prójimo, ni ninguno a su hermano, diciendo: Conoce a Jehová; porque todos me conocerán, desde el más pequeño de ellos hasta el más grande, dice Jehová; porque perdonaré la maldad de ellos, y no me acordaré más de su pecado".*

• Mateo 26:28: *"Porque esto es mi sangre del nuevo pacto, que por muchos es derramada para remisión de los pecados".*

4. Este Salvador establecería un Reino Eterno.

• Daniel 2:44: *"Y en los días de estos reyes el Dios del cielo levantará un reino que no será jamás destruido, ni será el reino dejado a otro pueblo; desmenuzará y consumirá a todos estos reinos, pero él permanecerá para siempre".*

• Ezequiel 37:25: *"Habitarán en la tierra que di a mi siervo Jacob, en la cual habitaron vuestros padres; en ella habitarán ellos, sus hijos y los hijos de sus hijos para siempre; y mi siervo David será príncipe de ellos para siempre".*

¿Cuál fue el mensaje de los profetas acerca de la iglesia?

Los profetas señalaron a la Iglesia como parte del plan redentor de Dios, anticipando un tiempo en que tanto judíos como gentiles serían unificados como un solo pueblo bajo el pacto del Mesías. Hablaron de una comunidad que adoraría a Dios en espíritu y verdad, marcada por Su presencia y dirigida por Su Espíritu.

1. Que Dios derramaría Su Espíritu sobre aquellos del Nuevo Pacto.

• Isaías 44:3–5: *"Porque yo derramaré aguas sobre el sequedal, y ríos sobre la tierra árida; mi Espíritu derramaré sobre tu generación, y mi bendición sobre tus renuevos; 4 y brotarán entre hierba, como sauces junto a las riberas de las aguas. 5 Este dirá: Yo soy de Jehová; el otro se llamará del nombre de Jacob, y otro escribirá con su mano: A Jehová, y se apellidará con el nombre de Israel".*

• Isaías 51:3: *"Ciertamente consolará Jehová a Sion; consolará todas sus soledades, y cambiará su desierto en paraíso, y su soledad en huerto de Jehová; se hallará en ella alegría y gozo, alabanza y voces de canto".*

• Isaías 61:3–4: *"A ordenar que a los afligidos de Sion se les dé gloria en lugar de ceniza, óleo de gozo en lugar de luto, manto de alegría en lugar del espíritu angustiado; y serán llamados árboles de justicia, plantío de Jehová, para gloria suya. 4 Reedificarán las ruinas antiguas, y levantarán los asolamientos primeros, y restaurarán las ciudades arruinadas, los escombros de muchas generaciones".*

• Joel 2:28: *"Y después de esto derramaré mi Espíritu sobre toda carne, y profetizarán vuestros hijos y vuestras hijas; vuestros ancianos soñarán sueños, y vuestros jóvenes verán visiones".*

2. Que Dios restauraría el tabernáculo de David a través de la Iglesia. El reinado de Cristo desde la casa (Tabernáculo) de David continuaría para todos los pueblos, no solo la nación de Israel.

• Isaías 16:5: *"Y se dispondrá el trono en misericordia; y sobre él se sentará firmemente, en el tabernáculo de David, quien juzgue y busque el juicio, y apresure la justicia".*

• Amos 9:11: *"En aquel día yo levantaré el tabernáculo caído de David, y cerraré sus portillos, y levantaré sus ruinas, y lo edificaré como en el tiempo pasado".*

• Hechos. 15:16–17: *"Después de esto volveré, Y reedificaré el tabernáculo de David, que está caído; Y repararé sus ruinas, Y lo volveré a levantar, 17 para que el resto de los hombres busque al Señor, Y todos los gentiles, sobre los cuales es invocado mi nombre".*

3. Que la iglesia ministraría en el poder y unción del Espíritu Santo para restaurar aquellos salvados del pecado y el cautiverio.

• Isaías 61:1–4: *"El Espíritu de Jehová el Señor está sobre mí, porque me ungió Jehová; me ha enviado a predicar buenas nuevas a los abatidos, a vendar a los quebrantados de corazón, a publicar libertad a los cautivos, y a los presos apertura de la cárcel; 2 a proclamar el año de la buena voluntad de Jehová, y el día de venganza del Dios nuestro; a consolar a todos los enlutados; 3 a ordenar que a los afligidos de Sion se les dé gloria en lugar de ceniza, óleo de gozo en lugar de luto, manto de alegría en lugar del espíritu angustiado; y serán llamados árboles de justicia, plantío de Jehová, para gloria suya. 4 Reedificarán las ruinas antiguas, y levantarán los asolamientos primeros, y restaurarán las ciudades arruinadas, los escombros de muchas generaciones".*

4. Que la iglesia tendría dominio sobre la maldad.

• Isaías 54:15, 17: *"Si alguno conspirare contra ti, lo hará sin mí; el que contra ti conspirare, delante de ti caerá. 17 Ninguna arma forjada contra ti prosperará, y condenarás a toda lengua que se levante contra ti en juicio. Esta es la herencia de los siervos de Jehová, y su salvación de mí vendrá, dijo Jehová".*

• Miqueas 4:13: *"Levántate y trilla, hija de Sion, porque haré tu cuerno como de hierro, y tus uñas de bronce, y desmenuzarás a muchos pueblos; y consagrarás a Jehová su botín, y sus riquezas al Señor de toda la tierra".*

5. Que la iglesia sería un pueblo purificado y justificado.

• Isaías 35:8–9: *"Y habrá allí calzada y camino, y será llamado Camino de Santidad; no pasará inmundo por él, sino que él mismo estará con ellos; el que anduviere en este camino, por torpe que sea, no se extraviará. 9 Habrá allí león, ni fiera subirá por él, ni allí se hallará, para que caminen los redimidos".*

• Isaías 61:6: *"Y vosotros seréis llamados sacerdotes de Jehová, ministros de nuestro Dios seréis llamados; comeréis las riquezas de las naciones, y con su gloria seréis sublimes".*

• Malaquías 3:3–4: *"Y se sentará para afinar y limpiar la plata; porque limpiará a los hijos de Leví, los afinará como a oro y como a plata, y traerán a Jehová ofrenda en justicia. 4 Y será grata a Jehová la ofrenda de Judá y de Jerusalén, como en los días pasados, y como en los años antiguos."*

6. Que a través de la iglesia, la tierra sería llena del conocimiento de la gloria de Dios.

• Isaías 11:9: *"No harán mal ni dañarán en todo mi santo monte; porque la tierra será llena del conocimiento de Jehová, como las aguas cubren el mar".*

• Habacuc 2:14: *"Porque la tierra será llena del conocimiento de la gloria de Jehová, como las aguas cubren el mar".*

• Zacarías 14:8–9: *"Acontecerá también en aquel día, que saldrán de Jerusalén aguas vivas, la mitad de ellas hacia el mar oriental, y la otra mitad hacia el mar occidental, en verano y en invierno. 9 Y Jehová será rey sobre toda la tierra. En aquel día Jehová será uno, y uno su nombre".*

7. Que Jesús vendría por una novia gloriosa y sin mancha, la iglesia.

• Isaías 62:3–5: *"Y serás corona de gloria en la mano de Jehová, y diadema de reino en la mano del Dios tuyo. 4 Nunca más te llamarán Desamparada, ni tu tierra se dirá más Desolada; sino que serás llamada Hefzi-bá, y tu tierra, Beula; porque el amor de Jehová estará en ti, y tu tierra será desposada. 5 Pues como el joven se desposa con la virgen, se desposarán contigo tus hijos; y como el gozo del esposo con la esposa, así se gozará contigo el Dios tuyo".*

• Daniel 7:13–14: *"Miraba yo en la visión de la noche, y he aquí con las nubes del cielo, venía uno como un hijo de hombre, que vino hasta el Anciano de días, y le hicieron acercarse delante de él. 14 Y le fue dado dominio, gloria y reino, para que todos los pueblos, naciones y lenguas le sirvieran; su dominio es dominio eterno, que nunca pasará, y su reino, uno que no será destruido".*

8. Que la adoración iba a ser restaurada en la iglesia.

• Jeremías 33:11: *"Ha de oírse aún voz de gozo y de alegría, voz de desposado y voz de desposada, voz de los que digan: Alabad a Jehová de los ejércitos, porque Jehová es bueno, porque para siempre es su misericordia; voz de los que traigan ofrendas de acción de gracias a la casa de Jehová. Porque volveré a traer los cautivos de la tierra como al principio, ha dicho Jehová".*

• Hechos 15:15–16: *"Y con esto concuerdan las palabras de los profetas, como está escrito: Después de esto volveré, Y reedificaré el tabernáculo de David, que está caído; Y repararé sus ruinas, Y lo volveré a levantar".*

16

Preguntas de Estudio

REFLEXIONA Y PROFUNDIZA EN TU CONOCIMIENTO

1. Lee el pasaje a continuación y contesta las próximas dos (2) preguntas:

Génesis 12:1 (RVR60): *"Pero Jehová había dicho a Abram: Vete de tu tierra y de tu parentela, y de la casa de tu padre, a la tierra que te mostraré"*.

• Al estudiar las Escrituras descubrimos que Abraham era hijo de un fabricante de ídolos en la tierra de Ur de los Caldeos (vea Josué 24:2) **¿Qué era realmente a lo que Dios estaba retando a Abraham en este pasaje de la Escritura?**

____

____

• **¿Qué debemos dejar para poder seguir a Dios?**

____

____

2. ¿Cuál es el resumen de la Ley de Jehová?

____

____

3. De acuerdo a Jeremías 31, ¿Dónde sé escribiría el Nuevo Pacto?

____

____

4. Lee estos pasajes y contesta las próximas tres (3) preguntas:

Josué 24:31 (RVR60): *"Y sirvió Israel a Jehová todo el tiempo de Josué, y todo el tiempo de los ancianos que sobrevivieron a Josué, y que sabían todas las obras que Jehová había hecho por Israel".*

Jueces 2:8–10 (RVR60): *"Pero murió Josué hijo de Nun, siervo de Jehová, siendo de ciento diez años. 9 Y lo sepultaron en su heredad en Timnat-sera, en el monte de Efraín, al norte del monte de Gaas. 10 Y toda aquella generación también fue reunida a sus padres. Y se levantó después de ellos otra generación que no conocía a Jehová, ni la obra que él había hecho por Israel".*

• ¿Durante qué época sirvió Israel a Dios de acuerdo con estos textos?

____

____

• Basado en lo que dicen estos textos, ¿Cuál crees que fue el factor principal para que Israel se apartara de Dios?

____

____

- **¿Cuál parecería ser el resultado de no enseñar a la próxima generación sobre Dios?**

____

____

MANUAL DE DISCIPULADO

FUNDAMENTOS DE LA DOCTRINA

VOLUMEN 3

NUEVO PACTO
LA PERSONA DE JESUCRISTO
SACRIFICIO Y EXALTACIÓN DE JESUCRISTO
LA OBRA DE JESUCRISTO
JESUCRISTO Y EL REINO DE DIOS

17

Jesucristo, Siervo de Dios

Introducción

"He aquí, mí siervo..." Estas son palabras de Dios a través de los labios del profeta Isaías referente a Jesucristo, el siervo de Dios. Como dijimos anteriormente en la enseñanza, Jesús sé despojo a vació a sí mismo de todo poder y posición divina, tomando forma de siervo.

Su propósito como siervo de Dios fue traernos de regreso a una relación con Dios que nosotros no podíamos hacer por nosotros mismos. La trasgresión de Adán y Eva introdujo una naturaleza caída de iniquidad, resultando en la perdida de paz entre Dios y la humanidad, y marcando el comienzo de un mundo de enfermedad y muerte. El hombre no fue capaz de traspasar las tinieblas que había entre el Creador y el mismo. Isaías nos dice proféticamente lo que Jesús haría cientos de años después.

- Isaías 53:5: *"Mas él herido fue por nuestras rebeliones, molido por nuestros pecados; el castigo de nuestra paz fue sobre él, y por su llaga fuimos nosotros curados".*

Note que Jesús, el siervo de Dios, reversaría todo lo que desato la caída. El trataría con la trasgresión, con la naturaleza perversa de iniquidad, restauraría nuestra paz y nos sanaría de todo lo que provoco nuestra rebelión, incluyendo enfermedad y muerte. En esta sección estudiaremos el ministerio de Jesús, siervo de Dios, un poco más detallado. Recuerde está Escritura mientras avancemos en este estudio:

Mateo 20:28: *"Como el Hijo del Hombre no vino para ser servido, sino para servir, y para dar su vida en rescate por muchos".*

18

El Nuevo Pacto

ACUERDO DIVINO PARA REDENCIÓN Y VIDA ETERNA

El Nuevo Pacto, profetizado en el Antiguo Testamento y establecido por Jesucristo, representa una relación renovada entre Dios y la humanidad, fundada en la gracia y no en las obras de la Ley. A diferencia del pacto anterior, en el que el pueblo debía cumplir la Ley para acercarse a Dios, el Nuevo Pacto ofrece el perdón de los pecados y una transformación interior a través del Espíritu Santo.

Es un pacto universal, accesible para judíos y gentiles, donde la Ley de Dios se escribe en los corazones, permitiendo una comunión íntima y personal con Él. Este pacto fue sellado por la muerte y resurrección de Jesucristo, garantizando vida eterna a quienes creen en Él y viven bajo Su señorío.

¿Qué es el Nuevo Pacto?

1. Un acuerdo que Dios ofrece a todos los hombres para restaurar una relación justa a través de la persona de Jesucristo, Su hijo.

• Mateo 26:28: *"Porque esto es mi sangre del nuevo pacto, que por muchos es derramada para remisión de los pecados".*

• 1 Juan 2:2: *"Y él es la propiciación por nuestros pecados; y no solamente por los nuestros, sino también por los de todo el mundo".*

2. Fue declarado por los profetas del Antiguo Pacto.

• Jeremías 31:31–33: *"He aquí que vienen días, dice Jehová, en los cuales haré nuevo pacto con la casa de Israel y con la casa de Judá. 32 No como el pacto que hice con sus padres el día que tomé su mano para sacarlos de la tierra de Egipto; porque ellos invalidaron mi pacto, aunque fui yo un marido para ellos, dice Jehová. 33 Pero este es el pacto que haré con la casa de Israel después de aquellos días, dice Jehová: Daré mi ley en su mente, y la escribiré en su corazón; y yo seré a ellos por Dios, y ellos me serán por pueblo".*

3. Abolió al Antiguo Pacto porque Israel no lo mantuvo.

• Hebreos 8:7–8: *"Porque si aquel primero hubiera sido sin defecto, ciertamente no se hubiera procurado lugar para el segundo. 8 Porque reprendiéndolos dice: He aquí vienen días, dice el Señor, En que estableceré con la casa de Israel y la casa de Judá un nuevo pacto".*

4. Cumplió el propósito de Dios, que era limpiar el pecado y restaurar una relación de justicia con Dios.

• Hebreos 9:14–15: *"¿Cuánto más la sangre de Cristo, el cual mediante el Espíritu eterno se ofreció a sí mismo sin mancha a Dios, limpiará vuestras conciencias de obras muertas para que sirváis al Dios vivo? 15 Así que, por eso es mediador de un nuevo pacto, para que interviniendo muerte para la remisión de las transgresiones que había bajo el primer pacto, los llamados reciban la promesa de la herencia eterna.*

• Hebreos 9:26: *26 De otra manera, le hubiera sido necesario padecer muchas veces desde el principio del mundo; pero ahora, en la consumación de los siglos, se presentó una vez para siempre por el sacrificio de sí mismo para quitar de en medio el pecado".*

¿Quién es el Mediador de este Nuevo Pacto?

1. Jesucristo es el Mediador, aquel que trae de regreso al hombre para tener comunión con Dios.

• 1 Corintios 11:23–25 *"Porque yo recibí del Señor lo que también os he enseñado: Que el Señor Jesús, la noche que fue entregado, tomó pan; 24 y habiendo dado gracias, lo partió, y dijo: Tomad, comed; esto es mi cuerpo que por vosotros es partido; haced esto en memoria de mí. 25 Asimismo tomó también la copa, después de haber cenado, diciendo: Esta copa es el nuevo pacto en mi sangre; haced esto todas las veces que la bebiereis, en memoria de mí".*

• 1 Timoteo 2:5: *"Porque hay un solo Dios, y un solo mediador entre Dios y los hombres, Jesucristo hombre".*

• Hebreos 8:6: *"Pero ahora tanto mejor ministerio es el suyo, cuanto es mediador de un mejor pacto, establecido sobre mejores promesas".*

2. Es la sangre de Jesús la que garantiza el Nuevo Pacto.

• Hebreos 7:22: *"Por tanto, Jesús es hecho fiador de un mejor pacto".*

• Hebreos 9:12–15: *"Y no por sangre de machos cabríos ni de becerros, sino por su propia sangre, entró una vez para siempre en el Lugar Santísimo, habiendo obtenido eterna redención. 13 Porque si la sangre de los toros y de los machos cabríos, y las cenizas de la becerra rociadas a los inmundos, santifican para la purificación de la carne, 14 ¿cuánto más la sangre de Cristo, el cual mediante el Espíritu eterno se ofreció a sí mismo sin mancha a Dios, limpiará vuestras conciencias de obras muertas para que sirváis al Dios vivo? 15 Así que, por eso es mediador de un nuevo pacto, para que interviniendo muerte para la remisión de las transgresiones que había bajo el primer pacto, los llamados reciban la promesa de la herencia eterna".*

• Hebreos 10:19–20: *"Así que, hermanos, teniendo libertad para entrar en el Lugar Santísimo por la sangre de Jesucristo, 20 por el camino nuevo y vivo que él nos abrió a través del velo, esto es, de su carne".*

¿En dónde podemos leer acerca del Nuevo Pacto?

1. En la segunda parte de la Biblia llamada el Nuevo Testamento

• En los evangelios de Mateo, Marcos, Lucas y Juan leemos sobre la vida y ministerio de Jesucristo.

• En el libro de Hechos leemos sobre los comienzos de la Iglesia.

• En las Epístolas leemos las doctrinas apostólicas y el enfoque a algunos asuntos que los apóstoles enfrentaron al comienzo en la vida de la Iglesia.

• En el Apocalipsis leemos profecías y advertencias que se le hace a la iglesia referente a la revelación de Jesucristo.

¿Cómo entramos al Nuevo Pacto?

1. A través del arrepentimiento, volvernos de nuestros caminos egoístas y pecaminosos y volviéndonos a la fe en Cristo Jesús.

• Hechos 2:36–38: *"Sepa, pues, ciertísimamente, toda la casa de Israel, que a este Jesús, a quien vosotros crucificasteis, Dios le ha hecho Señor y Cristo.*

37 Al oír esto, se compungieron de corazón, y dijeron a Pedro y a los otros apóstoles: Varones hermanos, ¿qué haremos? 38 Pedro les dijo: Arrepentíos, y bautícese cada uno de vosotros en el nombre de Jesucristo para perdón de los pecados; y recibiréis el don del Espíritu Santo".

• Romanos 10:8–9: *"Más, ¿qué dice? Cerca de ti está la palabra, en tu boca y en tu corazón. Esta es la palabra de fe que predicamos: 9 que si confesares con tu boca que Jesús es el Señor, y creyeres en tu corazón que Dios le levantó de los muertos, serás salvo.*

• Romanos 10:10–11: *"10 Porque con el corazón se cree para justicia, pero con la boca se confiesa para salvación. 11 Pues la Escritura dice: Todo aquel que en él creyere, no será avergonzado".*

2. Recibiendo la señal del Nuevo Pacto que es el bautismo.

• Ezequiel 36:24–27: *"Y yo os tomaré de las naciones, y os recogeré de todas las tierras, y os traeré a vuestro país. 25 Esparciré sobre vosotros agua limpia, y seréis limpiados de todas vuestras inmundicias; y de todos vuestros ídolos os limpiaré. 26 Os daré corazón nuevo, y pondré espíritu nuevo dentro de vosotros; y quitaré de vuestra carne el corazón de piedra, y os daré un corazón de carne. 27 Y pondré dentro de vosotros mi Espíritu, y haré que andéis en mis estatutos, y guardéis mis preceptos, y los pongáis por obra."*

• Romanos 6:3–4: *"¿O no sabéis que todos los que hemos sido bautizados en Cristo Jesús, hemos sido bautizados en su muerte? 4 Porque somos sepultados juntamente con él para muerte por el bautismo, a fin de que como Cristo resucitó de los muertos por la gloria del Padre, así también nosotros andemos en vida nueva".*

• Colosenses 2:11–12: *"En él también fuisteis circuncidados con circuncisión no hecha a mano, al echar de vosotros el cuerpo pecaminoso carnal, en la circuncisión de Cristo; 12 sepultados con él en el bautismo, en el cual fuisteis también resucitados con él, mediante la fe en el poder de Dios que le levantó de los muertos.".*

19

La Persona de Jesucristo

SU IDENTIDAD Y PROPÓSITO DIVINO

¿Quién es Jesucristo?

1. Jesucristo es el Hijo de Dios e Hijo del Hombre.

• Romanos 1:3–4: *"Acerca de su Hijo, nuestro Señor Jesucristo, que era del linaje de David según la carne, 4 que fue declarado Hijo de Dios con poder, según el Espíritu de santidad, por la resurrección de entre los muertos".*

2. Jesucristo es el único camino para la salvación del hombre.

• Juan 3:16–18: *"Porque de tal manera amó Dios al mundo, que ha dado a su Hijo unigénito, para que todo aquel que en él cree, no se pierda, más tenga vida eterna. 17 Porque no envió Dios a su Hijo al mundo para condenar al mundo, sino para que el mundo sea salvo por él".*

• Hechos 4:10, 12: *"Sea notorio a todos vosotros, y a todo el pueblo de Israel, que en el nombre de Jesucristo de Nazaret, a quien vosotros crucificasteis, y a quien Dios resucitó de los muertos, por él este hombre está en vuestra presencia sano. 12 Y en ningún otro hay salvación; porque no hay otro nombre bajo el cielo, dado a los hombres, en que podamos ser salvos".*

3. Jesucristo es el Mesías de Israel. Jesús Cristo. Su nombre Jesús significa "Jehová es quien salva". Su nombre Cristo significa *"El ungido".*

• Mateo 1:21: *"Y dará a luz un hijo, y llamarás su nombre JESÚS, porque él salvará a su pueblo de sus pecados".*

• Luca 4:18–19: *"El Espíritu del Señor está sobre mí, Por cuanto me ha ungido para dar buenas nuevas a los pobres; Me ha enviado a sanar a los quebrantados de corazón; A pregonar libertad a los cautivos, Y vista a los ciegos; A poner en libertad a los oprimidos; 19 A predicar el año agradable del Señor."*

• Hechos 10:38: *"Como Dios ungió con el Espíritu Santo y con poder a Jesús de Nazaret, y cómo este anduvo haciendo bienes y sanando a todos los oprimidos por el diablo, porque Dios estaba con él".*

¿Por qué es importante entender la persona de Jesús?

Porque Jesús es la misma fuente del cristianismo.

• Juan 15:5: *"Yo soy la vid, vosotros los pámpanos; el que permanece en mí, y yo en él, este lleva mucho fruto; porque separados de mí nada podéis hacer".*

• 1 Corintios 12:27: *"Vosotros, pues, sois el cuerpo de Cristo, y miembros, cada uno en particular".*

• 2. Debemos entender la persona de Jesús porque sin Él no habría Cristianismo. No podemos separar a Jesús de su enseñanza.

• 1 Corintios 15:14: *"Y si Cristo no resucitó, vana es entonces nuestra predicación, vana es también vuestra fe".*

• Hechos 4:12: *"Y en ningún otro hay salvación; porque no hay otro nombre bajo el cielo, dado a los hombres, en que podamos ser salvos"*.

[illegible]

20

La Naturaleza de Jesucristo

LA UNIÓN PERFECTA ENTRE LO DIVINO Y LO HUMANO

Adentrarse en la naturaleza de Jesucristo es contemplar el misterio de lo divino y lo humano en una sola persona. En este capítulo, desentrañaremos el asombroso carácter de Cristo, quien, siendo Dios, eligió tomar forma humana para reconciliar a la humanidad con el Padre.

¿Cuáles dos naturalezas se unen solo en Jesucristo?

1. Jesucristo era completamente humano. Era Dios encarnado (hecho carne).

• Mateo 1:23: *"He aquí, una virgen concebirá y dará a luz un hijo, Y llamarás su nombre Emanuel, que traducido es: Dios con nosotros".*

• Lucas 1:31: *"Y ahora, concebirás en tu vientre, y darás a luz un hijo, y llamarás su nombre JESÚS".*

• Juan 1:14: *"Y aquel Verbo fue hecho carne, y habitó entre nosotros (y vimos su gloria, gloria como del unigénito del Padre), lleno de gracia y de verdad".*

• Romanos 8:3: *"Porque lo que era imposible para la ley, por cuanto era débil por la carne, Dios, enviando a su Hijo en semejanza de carne de pecado y a causa del pecado, condenó al pecado en la carne".*

2. Jesucristo era completamente Dios. Él fue llamado el Hijo de Dios.

• Hechos 13:33: *"La cual Dios ha cumplido a los hijos de ellos, a nosotros, resucitando a Jesús; como está escrito también en el salmo segundo: Mi hijo eres tú, yo te he engendrado hoy. "*

• Mateo 26:63–64: *"Mas Jesús callaba. Entonces el sumo sacerdote le dijo: Te conjuro por el Dios viviente, que nos digas si eres tú el Cristo, el Hijo de Dios. 64 Jesús le dijo: Tú lo has dicho; y además os digo, que desde ahora veréis al Hijo del Hombre sentado a la diestra del poder de Dios, y viniendo en las nubes del cielo".*

• Marcos 1:1: *"Principio del evangelio de Jesucristo, Hijo de Dios".*

• Marcos 3:11: *"Y los espíritus inmundos, al verle, se postraban delante de él, y daban voces, diciendo: Tú eres el Hijo de Dios".*

3. Solo en Jesús estas dos naturalezas, humana y divina, se unen.

• Juan 1:18: *"A Dios nadie le vio jamás; el unigénito Hijo, que está en el seno del Padre, él le ha dado a conocer".*

• Juan 3:16: *"Porque de tal manera amó Dios al mundo, que ha dado a su Hijo unigénito, para que todo aquel que en él cree, no se pierda, más tenga vida eterna".*

• 1 Juan 4:9: *"En esto se mostró el amor de Dios para con nosotros, en que Dios envió a su Hijo unigénito al mundo, para que vivamos por él".*

Más ¿cómo sabemos que Jesucristo fue hombre?. Te presento a continuación, el fundamento bíblico aplicado.

1. Sabemos que Jesús fue hombre porque fue nacido de mujer.

• Mateo 1:18: *"El nacimiento de Jesucristo fue así: Estando desposada María su madre con José, antes que se juntasen, se halló que había concebido del Espíritu Santo".*

• Gálatas 4:4: *"Pero cuando vino el cumplimiento del tiempo, Dios envió a su Hijo, nacido de mujer y nacido bajo la ley".*

2. Sabemos que Jesús fue hombre porque creció y desarrollo como cualquier ser humano.

• Lucas 2:40, 52: *"40 Y el niño crecía y se fortalecía, y se llenaba de sabiduría; y la gracia de Dios era sobre él. 52 Y Jesús crecía en sabiduría y en estatura, y en gracia para con Dios y los hombres".*

3. Sabemos que Jesús fue hombre porque tenía apariencia humana y de carne.

• Isaías 53:2: *"Subirá cual renuevo delante de él, y como raíz de tierra seca; no hay parecer en él, ni hermosura; le veremos, más sin atractivo para que le deseemos".*

• Juan 1:14: *"Y aquel Verbo fue hecho carne, y habitó entre nosotros (y vimos su gloria, gloria como del unigénito del Padre), lleno de gracia y de verdad".*

• Juan 4:9: *"La mujer samaritana le dijo: ¿Cómo tú, siendo judío, me pides a mí de beber, que soy mujer samaritana? Porque judíos y samaritanos no se tratan entre sí".*

4. Sabemos que Jesús fue hombre porque tuvo necesidades y emociones humanas.

• Mateo 4:2: *"Y después de haber ayunado cuarenta días y cuarenta noches, tuvo hambre".*

• Mateo 8:24: *"Y he aquí que se levantó en el mar una tempestad tan grande que las olas cubrían la barca; pero él dormía".*

• Juan 4:6: *"Y estaba allí el pozo de Jacob. Entonces Jesús, cansado del camino, se sentó así junto al pozo. Era como la hora sexta".*

• Juan 11:35: *"Jesús lloró".*

• Juan 19:28: *"Después de esto, sabiendo Jesús que ya todo estaba consumado, dijo, para que la Escritura se cumpliese: Tengo sed".*

¿Cómo sabemos que Jesucristo es Dios?

1. Sabemos que Jesús es Dios porque le fueron conferidos títulos divinos.

Dios

• Juan 1:1: *"En el principio era el Verbo, y el Verbo era con Dios, y el Verbo era Dios".*

• Juan 20:28: *"Y Tomás respondió y le dijo: ¡Señor mío, y Dios mío!".*

Hijo de Dios

• Mateo 14:33: *"Entonces los que estaban en la barca vinieron y le adoraron, diciendo: Verdaderamente eres Hijo de Dios".*

• Marcos 1:11: *"Y vino una voz de los cielos que decía: Tú eres mi Hijo amado; en ti tengo complacencia.".*

• Marcos 15:39: *"Y el centurión que estaba frente a él, viendo que después de clamar había expirado así, dijo: Verdaderamente este hombre era Hijo de Dios".*

Señor

• Lucas 2:11: *"Que os ha nacido hoy, en la ciudad de David, un Salvador, que es Cristo el Señor".*

• Hechos 10:36: *"Dios envió mensaje a los hijos de Israel, anunciando el evangelio de la paz por medio de Jesucristo; éste es Señor de todos".*

Emmanuel (Dios con nosotros)

• Mateo 1:23: *"He aquí, una virgen concebirá y dará a luz un hijo, Y llamarás su nombre Emanuel, que traducido es: Dios con nosotros".*

El Santo

• Salmos 16:10: *"Porque no dejarás mi alma en el Seol, Ni permitirás que tu santo vea corrupción."*

• Marcos 1:23-24: *"Pero había en la sinagoga de ellos un hombre con espíritu inmundo, que dio voces, 24 diciendo: ¡Ah! ¿qué tienes con nosotros, Jesús nazareno? ¿Has venido para destruirnos? Sé quién eres, el Santo de Dios".*

Sabemos que Jesús es Dios por las cualidades que posee.

Es Omnisciente.

• Juan 16:30: *"Ahora entendemos que sabes todas las cosas, y no necesitas que nadie te pregunte; por esto creemos que has salido de Dios".*

Es Omnipotente.

• Mateo 28:18: *"Y Jesús se acercó y les habló diciendo: Toda potestad me es dada en el cielo y en la tierra".*

Es Eterno.

• Juan 1:1–2: *"En el principio era el Verbo, y el Verbo era con Dios, y el Verbo era Dios. 2 Este era en el principio con Dios".*

• Juan 8:58: *"Jesús les dijo: De cierto, de cierto os digo: Antes que Abraham fuese, yo soy".*

Es Inmutable, no cambia.

• Hebreos 13:8: *"Jesucristo es el mismo ayer, y hoy, y por los siglos".*

Sabemos que Jesús es Dios porque hace las obras de Dios.

Él es Creador.

• Juan 1:3: *"Todas las cosas por él fueron hechas, y sin él nada de lo que ha sido hecho, fue hecho".*

• Colosenses 1:16–17: *"Porque en él fueron creadas todas las cosas, las que hay en los cielos y las que hay en la tierra, visibles e invisibles; sean tronos, sean dominios, sean principados, sean potestades; todo fue creado por medio de él y para él. 17 Y él es antes de todas las cosas, y todas las cosas en él subsisten".*

Él perdona pecados.

• Mateo 9:5–6: *"Porque, ¿qué es más fácil, decir: Los pecados te son perdonados, o decir: Levántate y anda? 6 Pues para que sepáis que el Hijo del Hombre tiene potestad en la tierra para perdonar pecados (dice entonces al paralítico): Levántate, toma tu cama, y vete a tu casa".*

• Lucas 7:48: *"Y a ella le dijo: Tus pecados te son perdonados".*

Él juzga al Hombre.

• Juan 5:22: *"...el Padre a nadie juzga, sino que todo el juicio dio al Hijo".*

• Hechos 17:31: *"Por cuanto ha establecido un día en el cual juzgará al mundo con justicia, por aquel varón a quien designó, dando fe a todos con haberle levantado de los muertos".*

• 2 Timoteo 4:1: *"Te encarezco delante de Dios y del Señor Jesucristo, que juzgará a los vivos y a los muertos en su manifestación y en su reino".*

Sabemos que Jesús es Dios porque es adorado como Dios.

Por Tomás, el discípulo.

• Juan 20:28: *"Y Tomás respondió y le dijo: ¡Señor mío, y Dios mío!".*

Por otros discípulos.

• Mateo 14:33: *"Entonces los que estaban en la barca vinieron y le adoraron, diciendo: Verdaderamente eres Hijo de Dios".*

• Lucas 24:52: *"Ellos, después de haberle adorado, volvieron a Jerusalén con gran gozo".*

Por el salmista.

• Salmos 45:11: *"Y deseará el rey tu hermosura; E inclínate a él, porque él es tu señor".*

Sabemos que Jesús es Dios porque demostró soberanía y autoridad.

• Salmos 2:7–8: *"Yo publicaré el decreto; Jehová me ha dicho: Mi hijo eres tú; Yo te engendré hoy. 8 Pídeme, y te daré por herencia las naciones, Y como posesión tuya los confines de la tierra".*

• Mateo 5:21: *"Oísteis que fue dicho a los antiguos: No matarás; y cualquiera que matare será culpable de juicio".*

• Mateo 5:22: *"Pero yo os digo que cualquiera que se enoje contra su hermano, será culpable de juicio; y cualquiera que diga: Necio, a su hermano, será culpable ante el concilio; y cualquiera que le diga: Fatuo, quedará expuesto al infierno de fuego".*

• Mateo 28:18: *"Y Jesús se acercó y les habló diciendo: Toda potestad me es dada en el cielo y en la tierra".*

¿Por qué es importante que Jesús sea completamente Dios?

1. Jesús tenía que ser completamente Dios porque solo Dios podía llevar el peso de la ira de Dios.

• Salmos 49:7–8: *"Ninguno de ellos podrá en manera alguna redimir al hermano, Ni dar a Dios su rescate 8 (Porque la redención de su vida es de gran precio, Y no se logrará jamás)".*

• 1 Pedro 1:18–19: *"Sabiendo que fuisteis rescatados de vuestra vana manera de vivir, la cual recibisteis de vuestros padres, no con cosas corruptibles, como oro o plata, 19 sino con la sangre preciosa de Cristo, como de un cordero sin mancha y sin contaminación".*

• 1 Pedro 3:18: *"Porque también Cristo padeció una sola vez por los pecados, el justo por los injustos, para llevarnos a Dios, siendo a la verdad muerto en la carne, pero vivificado en espíritu".*

Apocalipsis 5:9: *"Y cantaban un nuevo cántico, diciendo: Digno eres de tomar el libro y de abrir sus sellos; porque tú fuiste inmolado, y con tu sangre nos has redimido para Dios, de todo linaje y lengua y pueblo y nación".*

2. Jesús tenía que ser completamente Dios porque solo Dios podía salvar al hombre.

• Salmos 3:8: *"La salvación es de Jehová; Sobre tu pueblo sea tu bendición".*

• Jonás 2:9: *"Mas yo con voz de alabanza te ofreceré sacrificios; Pagaré lo que prometí. La salvación es de Jehová".*

• Apocalipsis 7:10: *"Y clamaban a gran voz, diciendo: La salvación pertenece a nuestro Dios que está sentado en el trono, y al Cordero".*

3. Jesús tenía que ser completamente Dios para ser Mediador entre Dios y el hombre para regresarnos a Dios.

• 1 Timoteo 2:5: *"Porque hay un solo Dios, y un solo mediador entre Dios y los hombres, Jesucristo hombre".*

• Hebreos 7:25: *"Por lo cual puede también salvar perpetuamente a los que por él se acercan a Dios, viviendo siempre para interceder por ellos".*

¿Para cuales tres oficios fue ungido Jesucristo?

1. Jesús fue ungido como profeta para revelarnos la naturaleza de Dios a través de la Palabra de Dios.

• Lucas 4:18–19: *"El Espíritu del Señor está sobre mí, Por cuanto me ha ungido para dar buenas nuevas a los pobres; Me ha enviado a sanar a los quebrantados de corazón; A pregonar libertad a los cautivos, Y vista a los ciegos; A poner en libertad a los oprimidos; 19 A predicar el año agradable del Señor".*

• Lucas 24:19: *"Entonces él les dijo: ¿Qué cosas? Y ellos le dijeron: De Jesús nazareno, que fue varón profeta, poderoso en obra y en palabra delante de Dios y de todo el pueblo".*

• Juan 3:34: *"Porque el que Dios envió, las palabras de Dios habla; pues Dios no da el Espíritu por medida".*

• Hechos 3:22: *"Porque Moisés dijo a los padres: El Señor vuestro Dios os levantará profeta de entre vuestros hermanos, como a mí; a él oiréis en todas las cosas que os hable".*

2. Jesús fue ungido como sacerdote al ir a la cruz y presentarse asimismo como sacrificio para cumplir la justicia de Dios. El restaura nuestra relación con Dios y se hace nuestro intercesor ante el Trono de la Gracia.

• Hebreos 4:14–15: *"Por tanto, teniendo un gran sumo sacerdote que traspasó los cielos, Jesús el Hijo de Dios, retengamos nuestra profesión. 15 Porque no tenemos un sumo sacerdote que no pueda compadecerse de nuestras debilidades, sino uno que fue tentado en todo según nuestra semejanza, pero sin pecado".*

• Hebreos 7:24: *"Más éste, por cuanto permanece para siempre, tiene un sacerdocio inmutable".*

• Hebreos 8:1–2: *"Ahora bien, el punto principal de lo que venimos diciendo es que tenemos tal sumo sacerdote, el cual se sentó a la diestra del trono de la Majestad en los cielos, 2 ministro del santuario, y de aquel verdadero tabernáculo que levantó el Señor, y no el hombre".*

• Hebreos 9:14: *"¿Cuánto más la sangre de Cristo, el cual mediante el Espíritu eterno se ofreció a sí mismo sin mancha a Dios, limpiará vuestras conciencias de obras muertas para que sirváis al Dios vivo?"*

3. Jesús fue ungido como Rey para gobernar sobre Su pueblo y para destruir el poder del enemigo.

• Salmos 110:1–2: *"Oh Dios de mi alabanza, no calles; 2 Porque boca de impío y boca de engañador se han abierto contra mí; Han hablado de mí con lengua mentirosa".*

• Isaías 40:10: *"He aquí que Jehová el Señor vendrá con poder, y su brazo señoreará; he aquí que su recompensa viene con él, y su paga delante de su rostro".*

• Isaías 52:13: *"He aquí que mi siervo será prosperado, será engrandecido y exaltado, y será puesto muy en alto".*

• Mateo 28:18: *"Y Jesús se acercó y les habló diciendo: Toda potestad me es dada en el cielo y en la tierra".*

• 1 Pedro 3:22: *"Quien habiendo subido al cielo está a la diestra de Dios; y a él están sujetos ángeles, autoridades y potestades".*

21

La Humillación de Jesucristo

EL SACRIFICIO DE CRISTO AL TOMAR FORMA DE SIERVO

¿Cómo se humilló a sí mismo Jesucristo?

1. Jesús sé humillo a sí mismo, vaciándose de Su poder y posición en el cielo.

• 2 Corintios 8:9: *"Porque ya conocéis la gracia de nuestro Señor Jesucristo, que por amor a vosotros se hizo pobre, siendo rico, para que vosotros con su pobreza fueseis enriquecidos"*

• Filipenses 2:7: *"Si no que se despojó a sí mismo, tomando forma de siervo, hecho semejante a los hombres".*

2. Jesús sé humillo a sí mismo naciendo de mujer en un establo.

• Isaías 7:14: *"Por tanto, el Señor mismo os dará señal: He aquí que la virgen concebirá, y dará a luz un hijo, y llamará su nombre Emanuel".*

• Lucas 2:7: *"Y dio a luz a su hijo primogénito, y lo envolvió en pañales, y lo acostó en un pesebre, porque no había lugar para ellos en el mesón".*

3. Jesús sé humillo a sí mismo al someterse a la ley como todos los hombres.

• Isaías 53:3: *"Despreciado y desechado entre los hombres, varón de dolores, experimentado en quebranto; y como que escondimos de él el rostro, fue menospreciado, y no lo estimamos".*

• Gálatas 3:13: *"Cristo nos redimió de la maldición de la ley, hecho por nosotros maldición (porque está escrito: Maldito todo el que es colgado en un madero)".*

4. Jesús sé humillo a sí mismo viviendo entre la pobreza y los padecimientos.

• Mateo 8:20: *"Jesús le dijo: Las zorras tienen guaridas, y las aves del cielo nidos; más el Hijo del Hombre no tiene dónde recostar su cabeza".*

• Mateo 26:37: *"Y tomando a Pedro, y a los dos hijos de Zebedeo, comenzó a entristecerse y a angustiarse en gran manera".*

5. Jesús sé humillo a sí mismo al padecer persecución y sentirse olvidado por Dios.

• Isaías 53:7: *"Angustiado él, y afligido, no abrió su boca; como cordero fue llevado al matadero; y como oveja, delante de sus trasquiladores, enmudeció, y no abrió su boca".*

• Mateo 26:67: *"Entonces le escupieron en el rostro, y le dieron de puñetazos, y otros le abofeteaban".*

• Mateo 27:30: *"Y escupiéndole, tomaban la caña y le golpeaban en la cabeza".*

• Mateo 27:31, 46: *"Después de haberle escarnecido, le quitaron el manto, le pusieron sus vestidos, y le llevaron para crucificarle. 46 Cerca de la hora novena, Jesús clamó a gran voz, diciendo: Elí, Elí, ¿lama sabactani? Esto es: Dios mío, Dios mío, ¿por qué me has desamparado?".*

6. Jesús sé humillo a sí mismo sufriendo la cruz, llevando en sí los pecados de la humanidad y la ira de Dios.

• Mateo 27:35: *"Cuando le hubieron crucificado, repartieron entre sí sus vestidos, echando suertes, para que se cumpliese lo dicho por el profeta: Partieron entre sí mis vestidos, y sobre mi ropa echaron suertes".*

• Juan 19:17–18: *"Y él, cargando su cruz, salió al lugar llamado de la Calavera, y en hebreo, Gólgota; 18 y allí le crucificaron, y con él a otros dos, uno a cada lado, y Jesús en medio".*

• Gálatas 3:13: *"Cristo nos redimió de la maldición de la ley, hecho por nosotros maldición (porque está escrito: Maldito todo el que es colgado en un madero)".*

7. Jesús sé humillo a sí mismo al morir y ser enterrado por tres días.

• Mateo 12:40: *"Porque como estuvo Jonás en el vientre del gran pez tres días y tres noches, así estará el Hijo del Hombre en el corazón de la tierra tres días y tres noches".*

• Mateo 27:57–60: *"Cuando llegó la noche, vino un hombre rico de Arimatea, llamado José, que también había sido discípulo de Jesús. 58 Este fue a Pilato y pidió el cuerpo de Jesús. Entonces Pilato mandó que se le diese el cuerpo. 59 Y tomando José el cuerpo, lo envolvió en una sábana limpia, 60 y lo puso en su sepulcro nuevo, que había labrado en la peña; y después de hacer rodar una gran piedra a la entrada del sepulcro, se fue".*

• 1 Corintios 15:3–4: *"Porque primeramente os he enseñado lo que asimismo recibí: Que Cristo murió por nuestros pecados, conforme a las Escrituras; 4 y que fue sepultado, y que resucitó al tercer día, conforme a las Escrituras".*

¿Cuáles son los resultados de la humillación de Cristo?

1. A través de la humillación de Cristo somos redimidos, comprados de nuevo del poder del pecado y de satán. Satán tiene la influencia de la acusación, enfermedad, temor y muerte.

• Génesis 3:15: *"Y pondré enemistad entre ti y la mujer, y entre tu simiente y la simiente suya; esta te herirá en la cabeza, y tú le herirás en el calcañar".*

• Lucas 10:18: *"Y les dijo: Yo veía a Satanás caer del cielo como un rayo".*

• Juan 12:31: *"Ahora es el juicio de este mundo; ahora el príncipe de este mundo será echado fuera".*

• Colosenses 2:15: *"Y despojando a los principados y a las potestades, los exhibió públicamente, triunfando sobre ellos en la cruz".*

• 1 Juan 3:8: *"El que practica el pecado es del diablo; porque el diablo peca desde el principio. Para esto apareció el Hijo de Dios, para deshacer las obras del diablo".*

2. A través de la humillación de Cristo somos redimidos de todo pecado.

• Isaías 53:11: *"Verá el fruto de la aflicción de su alma, y quedará satisfecho; por su conocimiento justificará mi siervo justo a muchos, y llevará las iniquidades de ellos".*

• Romanos 5:19: *"Porque así como por la desobediencia de un hombre, los muchos fueron constituidos pecadores, así también por la obediencia de uno, los muchos serán constituidos justos".*

• 2 Corintios 5:21: *"Al que no conoció pecado, por nosotros lo hizo pecado, para que nosotros fuésemos hechos justicia de Dios en él".*

3. A través de la humillación de Cristo somos redimidos de la muerte.

• 1 Corintios 15:55–57: *"¿Dónde está, oh muerte, tu aguijón? ¿Dónde, oh sepulcro, tu victoria? 56, ya que el aguijón de la muerte es el pecado, y el poder del pecado, la ley. 57 Más gracias sean dadas a Dios, que nos da la victoria por medio de nuestro Señor Jesucristo".*

• Hebreos 2:14–15: *"Así que, por cuanto los hijos participaron de carne y sangre, él también participó de lo mismo, para destruir por medio de la muerte al que tenía el imperio de la muerte, esto es, al diablo, 15 y librar a todos los que por el temor de la muerte estaban durante toda la vida sujetos a servidumbre".*

4. A través de la humillación de Cristo fuimos redimidos de la maldición de la ley (consecuencias de nuestra desobediencia a la ley).

• Romanos 3:19: *"Pero sabemos que todo lo que la ley dice, lo dice a los que están bajo la ley, para que toda boca se cierre y todo el mundo quede bajo el juicio de Dios".*

• Gálatas 3:13: *"Cristo nos redimió de la maldición de la ley, hecho por nosotros maldición (porque está escrito: Maldito todo el que es colgado en un madero)".*

• Gálatas 3:10: *"Porque todos los que dependen de las obras de la ley están bajo maldición, pues escrito está: Maldito todo aquel que no permaneciere en todas las cosas escritas en el libro de la ley, para hacerlas".*

22

La Redención en Jesucristo

LA OBRA QUE RECONCILIÓ AL MUNDO CON DIOS

¿Cómo fue que Cristo nos redimió?

1. Cristo nos redimió a través de su sangre inocente.

• Zacarías 13:1: *"En aquel tiempo habrá un manantial abierto para la casa de David y para los habitantes de Jerusalén, para la purificación del pecado y de la inmundicia".*

• Juan 1:29: *"El siguiente día vio Juan a Jesús que venía a él, y dijo: He aquí el Cordero de Dios, que quita el pecado del mundo".*

• Efesios 1:7: *"En quien tenemos redención por su sangre, el perdón de pecados según las riquezas de su gracia".*

• 1 Pedro 1:18–20: *"Sabiendo que fuisteis rescatados de vuestra vana manera de vivir, la cual recibisteis de vuestros padres, no con cosas corruptibles, como oro o plata, 19 sino con la sangre preciosa de Cristo, como de un cordero sin mancha y sin contaminación".*

• 1 Juan 3:5: *"Y sabéis que él apareció para quitar nuestros pecados, y no hay pecado en él".*

2. Cristo nos redimió haciendo expiación por nuestro pecado, trayéndonos de vuelta a una relación con Dios.

• Isaías 53:11: *"Verá el fruto de la aflicción de su alma, y quedará satisfecho; por su conocimiento justificará mi siervo justo a muchos, y llevará las iniquidades de ellos".*

• 2 Corintios 5:21: *"Al que no conoció pecado, por nosotros lo hizo pecado, para que nosotros fuésemos hechos justicia de Dios en él".*

• Filipenses 3:9: *"Y ser hallado en él, no teniendo mi propia justicia, que es por la ley, sino la que es por la fe de Cristo, la justicia que es de Dios, por la fe".*

3. Cristo nos redimió tomando nuestro lugar y pagando nuestra deuda.

• Isaías 53:4–5: *"Ciertamente llevó él nuestras enfermedades, y sufrió nuestros dolores; y nosotros le tuvimos por azotado, por herido de Dios y abatido. 5 Más él herido fue por nuestras rebeliones, molido por nuestros pecados; el castigo de nuestra paz fue sobre él, y por su llaga fuimos nosotros curados".*

• Gálatas 3:13: *"Cristo nos redimió de la maldición de la ley, hecho por nosotros maldición (porque está escrito: Maldito todo el que es colgado en un madero)".*

• 1 Pedro 2:24: *"Quien llevó él mismo nuestros pecados en su cuerpo sobre el madero, para que nosotros, estando muertos a los pecados, vivamos a la justicia; y por cuya herida fuisteis sanados".*

• 1 Pedro 3:18: *"Porque también Cristo padeció una sola vez por los pecados, el justo por los injustos, para llevarnos a Dios, siendo a la verdad muerto en la carne, pero vivificado en espíritu"*

4. Cristo redimió a todos los que le recibieron y condeno a todos los que lo rechazaron.

• Mateo 18:11: *"Porque el Hijo del Hombre ha venido para salvar lo que se había perdido. ".*

• Hechos 17:30–31: *"Pero Dios, habiendo pasado por alto los tiempos de esta ignorancia, ahora manda a todos los hombres en todo lugar, que se arrepientan; 31 por cuanto ha establecido un día en el cual juzgará al mundo con justicia, por aquel varón a quien designó, dando fe a todos con haberle levantado de los muertos".*

• 1 Timoteo 1:15: *"Palabra fiel y digna de ser recibida por todos: que Cristo Jesús vino al mundo para salvar a los pecadores, de los cuales yo soy el primero".*

23

Libertad del Pecado

LA VICTORIA EN CRISTO SOBRE LA ESCLAVITUD

El verso *"herido por nuestras rebeliones"* proviene de Isaías 53:5, profetizado aproximadamente 700 años antes de que la obra redentora del Mesías se manisfetra al tomar nuestro lugar.

¿Qué son rebeliones o trasgresiones?

1. Son actos de pecado viles, profanos, rebeldes y voluntariosos en contra de Dios.

• Números 32:23: *"Mas si así no lo hacéis, he aquí habréis pecado ante Jehová; y sabed que vuestro pecado os alcanzará".*

• Job 36:9: *"Él les dará a conocer la obra de ellos, Y que prevalecieron sus rebeliones".*

2. Es *"ir más allá"* de los límites de las leyes y caminos de Dios.

• Isaías 53:6: *"Todos nosotros nos descarriamos como ovejas, cada cual se apartó por su camino; más Jehová cargó en él el pecado de todos nosotros".*

• Romanos 3:12: *"Todos se desviaron, a una se hicieron inútiles; No hay quien haga lo bueno, no hay ni siquiera uno."*

¿Cómo perdona Dios nuestros pecados?

1. Dios perdona y olvida nuestros pecados cuando confesamos.

• Salmos 32:5: *"Mi pecado te declaré, y no encubrí mi iniquidad. Dije: Confesaré mis transgresiones a Jehová; Y tú perdonaste la maldad de mi pecado".*

• Isaías 43:25: *"Yo, yo soy el que borro tus rebeliones por amor de mí mismo, y no me acordaré de tus pecados".*

• 1 Juan 1:9: *"Si confesamos nuestros pecados, él es fiel y justo para perdonar nuestros pecados, y limpiarnos de toda maldad".*

2. Dios perdona nuestros pecados cuando nos tornamos de ellos (Esto se llama arrepentimiento).

• Hechos 3:19: *"Así que, arrepentíos y convertíos, para que sean borrados vuestros pecados; para que vengan de la presencia del Señor tiempos de refrigerio".*

• Hechos 17:30: *"Pero Dios, habiendo pasado por alto los tiempos de esta ignorancia, ahora manda a todos los hombres en todo lugar, que se arrepientan".*

• 2 Corintios 7:10: *"Porque la tristeza que es según Dios produce arrepentimiento para salvación, de que no hay que arrepentirse; pero la tristeza del mundo produce muerte".*

3. Dios perdona nuestros pecados cuando le pedimos perdón.

• Mateo 7:7: *"Pedid, y se os dará; buscad, y hallaréis; llamad, y se os abrirá".*

• Juan 14:13–14: *"Y todo lo que pidiereis al Padre en mi nombre, lo haré, para que el Padre sea glorificado en el Hijo. 14 Si algo pidiereis en mi nombre, yo lo haré".*

• Santiago 5:16: *"Confesaos vuestras ofensas unos a otros, y orad unos por otros, para que seáis sanados. La oración eficaz del justo puede mucho".*

¿Cómo podemos estar seguros de que nuestros pecados fueron perdonados?

1. La Palabra: Podemos estar seguros de que nuestros pecados fueron perdonados porque la Palabra de Dios dice que fueron perdonados cuando creemos en el Nombre de Jesucristo.

• Isaías 1:18–19: *"Venid luego, dice Jehová, y estemos a cuenta: si vuestros pecados fueren como la grana, como la nieve serán emblanquecidos; si fueren rojos como el carmesí, vendrán a ser como blanca lana. 19 Si quisiereis y oyereis, comeréis el bien de la tierra".*

• 1 Juan 2:1: *"Hijitos míos, estas cosas os escribo para que no pequéis; y si alguno hubiere pecado, abogado tenemos para con el Padre, a Jesucristo el justo".*

• 1 Juan 5:13: *"Estas cosas os he escrito a vosotros que creéis en el nombre del Hijo de Dios, para que sepáis que tenéis vida eterna, y para que creáis en el nombre del Hijo de Dios".*

2. Testimonio: Podemos estar seguros de que nuestros pecados fueron perdonados por el testimonio del Espíritu Santo. Dios envió al Espíritu Santo para asegurarnos de que ahora le pertenecemos a Él. Ahora somo guiados por el Espíritu y no por nuestros deseos.

• Jeremías 3:19: *"Yo preguntaba: ¿Cómo os pondré por hijos, y os daré la tierra deseable, la rica heredad de las naciones? Y dije: Me llamaréis: Padre mío, y no os apartaréis de en pos de mí".*

• Romanos 8:14–16: *"Porque todos los que son guiados por el Espíritu de Dios, éstos son hijos de Dios. 15 Pues no habéis recibido el espíritu de esclavitud para estar otra vez en temor, sino que habéis recibido el espíritu de adopción, por el cual clamamos: ¡Abba, Padre! 16 El Espíritu mismo da testimonio a nuestro espíritu, de que somos hijos de Dios".*

• Gálatas 4:6: *"Y por cuanto sois hijos, Dios envió a vuestros corazones el Espíritu de su Hijo, el cual clama: ¡Abba, Padre!".*

• 1 Juan 5:7–9: *"Porque tres son los que dan testimonio en el cielo: el Padre, el Verbo y el Espíritu Santo; y estos tres son uno. 8 Y tres son los que dan testimonio en la tierra: el Espíritu, el agua y la sangre; y estos tres concuerdan".*

3. Agua: Podemos estar seguros de que nuestros pecados fueron perdonados al demostrar nuestra fe y obediencia públicamente a través del acto del bautismo en aguas. Es una señal de la circuncisión en el corazón.

• Hechos 2:38: *"Pedro les dijo: Arrepentíos, y bautícese cada uno de vosotros en el nombre de Jesucristo para perdón de los pecados; y recibiréis el don del Espíritu Santo".*

• Hechos 22:16: *"Ahora, pues, ¿por qué te detienes? Levántate y bautízate, y lava tus pecados, invocando su nombre".*

¿De dónde y cuándo adquirimos la iniquidad?

1. La adquirimos de nuestros padres.

• Job 14:4: *"¿Quién hará limpio a lo inmundo? Nadie."*

• Salmos 51:5: *"He aquí, en maldad he sido formado, Y en pecado me concibió mi madre".*

• Salmos 106:6: *"Pecamos nosotros, como nuestros padres; Hicimos iniquidad, hicimos impiedad".*

• Juan 3:6: *"Lo que es nacido de la carne, carne es; y lo que es nacido del Espíritu, espíritu es".*

• Efesios 2:3: *"Entre los cuales también todos nosotros vivimos en otro tiempo en los deseos de nuestra carne, haciendo la voluntad de la carne y de los pensamientos, y éramos por naturaleza hijos de ira, lo mismo que los demás".*

2. La iniquidad también es conocida como *"el viejo hombre"* o *"el cuerpo del pecado".*

• Romanos 6:6: *"Sabiendo esto, que nuestro viejo hombre fue crucificado juntamente con él, para que el cuerpo del pecado sea destruido, a fin de que no sirvamos más al pecado".*

• Efesios 4:22: *"En cuanto a la pasada manera de vivir, despojaos del viejo hombre, que está viciado conforme a los deseos engañosos".*

• Colosenses 3:9–11: *"No mintáis los unos a los otros, habiéndoos despojado del viejo hombre con sus hechos, 10 y revestido del nuevo, el cual conforme a la imagen del que lo creó se va renovando hasta el conocimiento pleno".*

¿Qué significa *"molido por nuestros pecados"* (iniquidades)?

1. Ser aplastados por el peso de nuestra iniquidad.

• Isaías 53:4, 6: *"Ciertamente llevó él nuestras enfermedades, y sufrió nuestros dolores; y nosotros le tuvimos por azotado, por herido de Dios y abatido. 6Todos nosotros nos descarriamos como ovejas, cada cual se apartó por su camino; más Jehová cargó en él el pecado de todos nosotros".*

• Isaías 53:11: *"Verá el fruto de la aflicción de su alma, y quedará satisfecho; por su conocimiento justificará mi siervo justo a muchos, y llevará las iniquidades de ellos".*

2. Jesucristo fue molido por nuestra iniquidad para librarnos de la naturaleza pecaminosa heredada de nuestros padres.

• Isaías 53:11: *"Verá el fruto de la aflicción de su alma, y quedará satisfecho; por su conocimiento justificará mi siervo justo a muchos, y llevará las iniquidades de ellos".*

• Romanos 5:12,18: *"Por tanto, como el pecado entró en el mundo por un hombre, y por el pecado la muerte, así la muerte pasó a todos los hombres, por cuanto todos pecaron. 18Así que, como por la transgresión de uno vino la condenación a todos los hombres, de la misma manera por la justicia de uno vino a todos los hombres la justificación de vida".*

¿Por qué debemos ser purificados de la iniquidad?

La iniquidad nos separa de Dios y corrompe nuestra relación con Él. Es una barrera que impide experimentar la santidad, el amor y la paz que Dios quiere para nosotros.Veámos algunas razones de porque debemos purificarnos:

1. Porque Dios mira nuestros corazones.

• Genesis 6:5: *"Y vio Jehová que la maldad de los hombres era mucha en la tierra, y que todo designio de los pensamientos del corazón de ellos era de continuo solamente el mal".*

• Salmos 66:18: *"Si en mi corazón hubiese yo mirado a la iniquidad, El Señor no me habría escuchado".*

• Jeremías 17:9: *"Engañoso es el corazón más que todas las cosas, y perverso; ¿quién lo conocerá?".*

2. Porque nuestros corazones son la fuente del pecado.

• Mateo 15:19: *"Porque del corazón salen los malos pensamientos, los homicidios, los adulterios, las fornicaciones, los hurtos, los falsos testimonios, las blasfemias".*

3. Para vivir una vida que agrade a Dios.

• Romanos 8:7–8: *"Por cuanto los designios de la carne son enemistad contra Dios; porque no se sujetan a la ley de Dios, ni tampoco pueden; 8 y los que viven según la carne no pueden agradar a Dios".*

¿Cómo somos libres de la maldición de la iniquidad?

1. Podemos ser libres de iniquidad confesando nuestra injusticia a Dios.

• 2 Samuel 24:10: *"Después que David hubo censado al pueblo, le pesó en su corazón; y dijo David a Jehová: Yo he pecado gravemente por haber hecho esto; más ahora, oh Jehová, te ruego que quites el pecado de tu siervo, porque yo he hecho muy neciamente".*

• Salmos 32:5: *"Mi pecado te declaré, y no encubrí mi iniquidad. Dije: Confesaré mis transgresiones a Jehová; Y tú perdonaste la maldad de mi pecado".*

2. Podemos ser libres de la iniquidad tornándonos de nuestros caminos pecaminosos.

• 1 Reyes 8:47–50: *"Y ellos volvieren en sí en la tierra donde fueren cautivos; si se convirtieren, y oraren a ti en la tierra de los que los cautivaron, y dijeren: Pecamos, hemos hecho lo malo, hemos cometido impiedad; 48 y si se convirtieren a ti de todo su corazón y de toda su alma, en la tierra de sus enemigos que los hubieren llevado cautivos, y oraren a ti con el rostro hacia su tierra que tú diste a sus padres, y hacia la ciudad que tú elegiste y la casa que yo he edificado a tu nombre, 49 tú oirás en los cielos, en el lugar de tu morada, su oración y su súplica, y les harás justicia. 50 Y perdonarás a tu pueblo que había pecado contra ti, y todas sus infracciones con que se hayan rebelado contra ti, y harás que tengan de ellos misericordia los que los hubieren llevado cautivos".*

• Oseas 14:1–2: *"Vuelve, oh Israel, a Jehová tu Dios; porque por tu pecado has caído. 2 Llevad con vosotros palabras de súplica, y volved a Jehová, y decidle: Quita toda iniquidad, y acepta el bien, y te ofreceremos la ofrenda de nuestros labios".*

• Mateo 3:2: *"Y diciendo: Arrepentíos, porque el reino de los cielos se ha acercado".*

3. Podemos ser libres de la iniquidad bautizándonos en las aguas, separándonos de nuestra naturaleza pecaminosa, entrando en nuestra nueva naturaleza en Cristo Jesús.

• Juan 3:5: *"Respondió Jesús: De cierto, de cierto te digo, que el que no naciere de agua y del Espíritu, no puede entrar en el reino de Dios".*

• Gálatas 3:27: *"Porque todos los que habéis sido bautizados en Cristo, de Cristo estáis revestidos".*

• Colosenses 2:11–12: *"En él también fuisteis circuncidados con circuncisión no hecha a mano, al echar de vosotros el cuerpo pecaminoso carnal, en la circuncisión de Cristo; 12 sepultados con él en el bautismo, en el cual fuisteis también resucitados con él, mediante la fe en el poder de Dios que le levantó de los muertos".*

Entonces, ¿cómo podemos asegurarnos de que nuestra iniquidad será quitada de nosotros y de las futuras generaciones?

Podemos estar seguros porque la Palabra de Dios dice que Jesús nos redimió de todas nuestras iniquidades.

• Miqueas 7:18–19: *"¿Qué Dios como tú, que perdona la maldad, y olvida el pecado del remanente de su heredad? No retuvo para siempre su enojo, porque se deleita en misericordia. 19 El volverá a tener misericordia de nosotros; sepultará nuestras iniquidades, y echará en lo profundo del mar todos nuestros pecados".*

• Tito 2:13–14: *"Aguardando la esperanza bienaventurada y la manifestación gloriosa de nuestro gran Dios y Salvador Jesucristo, 14 quien se dio a sí mismo por nosotros para redimirnos de toda iniquidad y purificar para sí un pueblo propio, celoso de buenas obras".*

• 1 Pedro 3:18: *"Porque también Cristo padeció una sola vez por los pecados, el justo por los injustos, para llevarnos a Dios, siendo a la verdad muerto en la carne, pero vivificado en espíritu".*

24

Paz Sin Límites

LA DIMENSIÓN MÁS ALLÁ DE CIRCUNSTANCIAS Y ENTENDIMIENTO

La figura bíblica referida como "el castigo de nuestra paz" proviene de Isaías 53:5, un versículo profético del Antiguo Testamento que apunta a la obra redentora de Jesús en la cruz, llevando sobre Sí nuestras transgresiones, iniquidades y enfermedades. Además de paz con Dios, nos trajo sanidad espiritual y física.

¿Qué significa que Jesús fue castigado por nuestra paz?

1. Castigo significa *"corrección o disciplina"*. Los corazones endurecidos de los hombres no podían recibir las instrucciones de Dios; por tanto, Jesús padeció la disciplina por nosotros.

• Jeremías 5:3: *"Oh Jehová, ¿no miran tus ojos a la verdad? Los azotaste, y no les dolió; los consumiste, y no quisieron recibir corrección; endurecieron sus rostros más que la piedra, no quisieron convertirse"*.

• Jeremías 35:13: *"Así ha dicho Jehová de los ejércitos, Dios de Israel: Ve y di a los varones de Judá, y a los moradores de Jerusalén: ¿No aprenderéis a obedecer mis palabras? dice Jehová"*.

2. Castigo significa *"dirección con vara de corrección"*. Jesús recibió los golpes de nuestras instrucciones.

• Proverbios 22:15: *"La necedad está ligada en el corazón del muchacho; Mas la vara de la corrección la alejará de él"*.

• 1 Pedro 2:24: *"Quien llevó él mismo nuestros pecados en su cuerpo sobre el madero, para que nosotros, estando muertos a los pecados, vivamos a la justicia; y por cuya herida fuisteis sanados"*.

¿Qué es la paz?

1. Un estado de unicidad, estar completo y descansado.

• 2 Corintios 13:11: *"Por lo demás, hermanos, tened gozo, perfeccionaos, consolaos, sed de un mismo sentir, y vivid en paz; y el Dios de paz y de amor estará con vosotros"*.

2. La ausencia completa de temor.

• Juan 16:33: *"Estas cosas os he hablado para que en mí tengáis paz. En el mundo tendréis aflicción; pero confiad, yo he vencido al mundo"*.

• Romanos 8:15: *"Pues no habéis recibido el espíritu de esclavitud para estar otra vez en temor, sino que habéis recibido el espíritu de adopción, por el cual clamamos: ¡Abba, Padre!"*.

• 2 Timoteo 1:7: *"Porque no nos ha dado Dios espíritu de cobardía, sino de poder, de amor y de dominio propio"*.

3. Un estado de total descanso y armonía entre Dios y Su pueblo.

• Ezequiel 37:26: *"Y haré con ellos pacto de paz, pacto perpetuo será con ellos; y los estableceré, y los multiplicaré, y pondré mi santuario entre ellos para siempre"*.

• Efesios 2:13–17: *"Pero ahora en Cristo Jesús, vosotros que en otro tiempo estabais lejos, habéis sido hechos cercanos por la sangre de Cristo. 14 Porque él es nuestra paz, que de ambos pueblos hizo uno, derribando la pared intermedia de separación, 15 aboliendo en su carne las enemistades, la ley de los mandamientos expresados en ordenanzas, para crear en sí mismo de los dos un solo y nuevo hombre, haciendo la paz, 16 y mediante la cruz reconciliar con Dios a ambos en un solo cuerpo, matando en ella las enemistades".*

¿Qué es paz con Dios?

1. Una relación restaurada con Dios a través de Jesucristo.

• Hechos 10:36: *"Dios envió mensaje a los hijos de Israel, anunciando el evangelio de la paz por medio de Jesucristo; éste es Señor de todos".*

• Romanos 5:1: *"Justificados, pues, por la fe, tenemos paz para con Dios por medio de nuestro Señor Jesucristo".*

• 2 Corintios 5:18–20: *"Y todo esto proviene de Dios, quien nos reconcilió consigo mismo por Cristo, y nos dio el ministerio de la reconciliación; 19 que Dios estaba en Cristo reconciliando consigo al mundo, no tomándoles en cuenta a los hombres sus pecados, y nos encargó a nosotros la palabra de la reconciliación. 20 Así que, somos embajadores en nombre de Cristo, como si Dios rogase por medio de nosotros; os rogamos en nombre de Cristo: Reconciliaos con Dios".*

• Colosenses 1:20: *"Y por medio de él reconciliar consigo todas las cosas, así las que están en la tierra como las que están en los cielos, haciendo la paz mediante la sangre de su cruz".*

• Hebreos 13:20: *"Y el Dios de paz que resucitó de los muertos a nuestro Señor Jesucristo, el gran pastor de las ovejas, por la sangre del pacto eterno..."*

Y continúa así el verso 21:

"...os haga aptos en toda obra buena para que hagáis su voluntad, haciendo él en vosotros lo que es agradable delante de él por Jesucristo; al cual sea la gloria por los siglos de los siglos. Amén".

2. Una total dependencia de Dios que resulta en descanso en Dios.

• Salmos 4:8: *"En paz me acostaré, y asimismo dormiré; Porque solo tú, Jehová, me haces vivir confiado".*

• Isaías 27:5: *"¿O forzará alguien mi fortaleza? Haga conmigo paz; sí, haga paz conmigo".*

• Isaías 32:17–19: *"Y el efecto de la justicia será paz; y la labor de la justicia, reposo y seguridad para siempre. 18 Y mi pueblo habitará en morada de paz, en habitaciones seguras, y en recreos de reposo".*

3. Una característica del Reino de Dios.

• Isaías 9:6–7: *"Porque un niño nos es nacido, hijo nos es dado, y el principado sobre su hombro; y se llamará su nombre Admirable, Consejero, Dios Fuerte, Padre Eterno, Príncipe de Paz. 7 Lo dilatado de su imperio y la paz no tendrán límite, sobre el trono de David y sobre su reino, disponiéndolo y confirmándolo en juicio y en justicia desde ahora y para siempre. El celo de Jehová de los ejércitos hará esto".*

• Zacarías 6:13: *"Él edificará el templo de Jehová, y él llevará gloria, y se sentará y dominará en su trono, y habrá sacerdote a su lado; y consejo de paz habrá entre ambos".*

• Romanos 14:17: *"Porque el reino de Dios no es comida ni bebida, sino justicia, paz y gozo en el Espíritu Santo".*

4. Un fruto del Espíritu.

• 2 Tesalonicenses 3:16: *"Y el mismo Señor de paz os dé siempre paz en toda manera. El Señor sea con todos vosotros".*

• Gálatas 5:22–24: *"Más el fruto del Espíritu es amor, gozo, paz, paciencia, benignidad, bondad, fe, 23 mansedumbre, templanza; contra tales cosas no hay ley".*

• Colosenses 3:14–15: *"Y sobre todas estas cosas, vestíos de amor, que es el vínculo perfecto. 15 Y la paz de Dios gobierne en vuestros corazones, a la que asimismo fuisteis llamados en un solo cuerpo; y sed agradecidos".*

• Filipenses 4:6–7: *"Por nada estéis afanosos, sino sean conocidas vuestras peticiones delante de Dios en toda oración y ruego, con acción de gracias. 7 Y la paz de Dios, que sobrepasa todo entendimiento, guardará vuestros corazones y vuestros pensamientos en Cristo Jesús".*

¿Cómo la paz de Dios afecta nuestras vidas?

1. Nos provee una quietud interna.

• Job 34:29: *"Si él diere reposo, ¿quién inquietará? Si escondiere el rostro, ¿quién lo mirará? Esto sobre una nación, y lo mismo sobre un hombre".*

• Filipenses 4:7: *"Y la paz de Dios, que sobrepasa todo entendimiento, guardará vuestros corazones y vuestros pensamientos en Cristo Jesús".*

2. Nos provee libertad de sentimientos de culpa y vergüenza.

• Romanos 8:1: *"Ahora, pues, ninguna condenación hay para los que están en Cristo Jesús, los que no andan conforme a la carne, sino conforme al Espíritu".*

• Romanos 10:11: *"Pues la Escritura dice: Todo aquel que en él creyere, no será avergonzado".*

3. Nos da fortaleza en medio de las pruebas.

• Juan 14:27: *"La paz os dejo, mi paz os doy; yo no os la doy como el mundo la da. No se turbe vuestro corazón, ni tenga miedo".*

• Salmos 23:4–5: *"Aunque ande en valle de sombra de muerte, No temeré mal alguno, porque tú estarás conmigo; Tú vara y tu cayado me infundirán aliento. 5 Aderezas mesa delante de mí en presencia de mis angustiadores; Unges mi cabeza con aceite; mi copa está rebosando".*

• Juan 16:33: *"Estas cosas os he hablado para que en mí tengáis paz. En el mundo tendréis aflicción; pero confiad, yo he vencido al mundo".*

4. Nos lleva a paz con otros en el Cuerpo de Cristo.

• Romanos 15:5–6: *"Pero el Dios de la paciencia y de la consolación os dé entre vosotros un mismo sentir según Cristo Jesús, 6 para que unánimes, a una voz, glorifiquéis al Dios y Padre de nuestro Señor Jesucristo".*

• 2 Corintios 13:11: *"Por lo demás, hermanos, tened gozo, perfeccionaos, consolaos, sed de un mismo sentir, y vivid en paz; y el Dios de paz y de amor estará con vosotros".*

25

Sanidad en Cristo

RESTAURACIÓN TOTAL A TRAVÉS DEL PODER DEL HIJO

La expresión "por sus llagas fuimos nosotros curados" se encuentra en Isaías 53:5 y es una de las declaraciones proféticas más profundas sobre el sacrificio de Jesucristo. Este versículo es parte de una profecía del Siervo Sufriente, que describe el sufrimiento redentor del Mesías, cumplido en la crucifixión de Jesús.

¿Qué significa *"por sus llagas fuimos nosotros curados"*?

1. Que las enfermedades y dolencias del mundo caído fueron vencidas en el cuerpo de Jesús.

• Mateo 8:16–17: *"Y cuando llegó la noche, trajeron a él muchos endemoniados; y con la palabra echó fuera a los demonios, y sanó a todos los enfermos; 17 para que se cumpliese lo dicho por el profeta Isaías, cuando dijo: El mismo tomó nuestras enfermedades, y llevó nuestras dolencias".*

• 1 Pedro 2:24: *"Quien llevó él mismo nuestros pecados en su cuerpo sobre el madero, para que nosotros, estando muertos a los pecados, vivamos a la justicia; y por cuya herida fuisteis sanados".*

2. Que estamos unidos a Cristo en Su victoria sobre el pecado, enfermedad y muerte.

• Marco 16:17–18: *"Y estas señales seguirán a los que creen: En mi nombre echarán fuera demonios; hablarán nuevas lenguas; 18 tomarán en las manos serpientes, y si bebieren cosa mortífera, no les hará daño; sobre los enfermos pondrán sus manos, y sanarán".*

• Hechos 4:10: *"Sea notorio a todos vosotros, y a todo el pueblo de Israel, que en el nombre de Jesucristo de Nazaret, a quien vosotros crucificasteis, y a quien Dios resucitó de los muertos, por él este hombre está en vuestra presencia sano".*

¿Cómo la enfermedad y la dolencia entraron en el mundo?

1. Cuando Adán pecó contra Dios.

• Génesis 2:17: *"Más del árbol de la ciencia del bien y del mal no comerás; porque el día que de él comieres, ciertamente morirás".*

• Salmos 107:17: *"Fueron afligidos los insensatos, a causa del camino de su rebelión y a causa de sus maldades".*

2. Cuando el hombre le dio su dominio a satán, usando la enfermedad y dolencia para destruir al hombre, a quien Dios ama.

• Job 2:7: *"Entonces salió Satanás de la presencia de Jehová, e hirió a Job con una sarna maligna desde la planta del pie hasta la coronilla de la cabeza".*

• Juan 10:10: *"El ladrón no viene, sino para hurtar y matar y destruir; yo he venido para que tengan vida, y para que la tengan en abundancia".*

¿Cómo la muerte de Jesucristo nos sanó?

La muerte de Jesucristo nos sanó en varios niveles: espiritual, emocional y físico. Esta sanidad es un acto completo de redención que afecta todos los aspectos de nuestra vida. A continuación, te explico cómo se manifiesta esta sanidad a través del sacrificio de Jesús en la cruz.

1. Jesús hecho sobre sí mismo todas las maldiciones del pecado, incluyendo la enfermedad y dolencia.

• 2 Corintios 5:21: *"Al que no conoció pecado, por nosotros lo hizo pecado, para que nosotros fuésemos hechos justicia de Dios en él".*

• Gálatas 3:13: *"Cristo nos redimió de la maldición de la ley, hecho por nosotros maldición (Escrito está: Maldito todo el que es colgado en un madero").*

2. Jesús destruyo el poder de Satanás sobre el hombre.

• Jeremías 33:6: *"He aquí que yo les traeré sanidad y medicina; y los curaré, y les revelaré abundancia de paz y de verdad".*

• Colosenses 2:13–15: *"Y a vosotros, estando muertos en pecados y en la incircuncisión de vuestra carne, os dio vida juntamente con él, perdonándoos todos los pecados, 14 anulando el acta de los decretos que había contra nosotros, que nos era contraria, quitándola de en medio y clavándola en la cruz, 15 y despojando a los principados y a las potestades, los exhibió públicamente, triunfando sobre ellos en la cruz".*

• Hebreos 2:14: *"Así que, por cuanto los hijos participaron de carne y sangre, él también participó de lo mismo, para destruir por medio de la muerte al que tenía el imperio de la muerte, esto es, al diablo".*

¿Por qué todavía hay enfermedad en el mundo de hoy?

1. Porque las personas no entienden que Jesucristo pagó el precio de su sanidad.

• Oseas 4:6: *"Mi pueblo fue destruido, porque le faltó conocimiento. Por cuanto desechaste el conocimiento, yo te echaré del sacerdocio; y porque olvidaste la ley de tu Dios, también yo me olvidaré de tus hijos"*.

2. Porque satanás ha ganado ventaja de la ignorancia del pueblo acerca de nuestra sanidad en Cristo.

• 2 Corintios 4:3–4: *"Pero si nuestro evangelio está aún encubierto, entre los que se pierden, está encubierto; 4 en los cuales el dios de este siglo cegó el entendimiento de los incrédulos, para que no les resplandezca la luz del evangelio de la gloria de Cristo, el cual es la imagen de Dios"*.

¿Cómo podemos recibir sanidad?

1. Podemos recibir sanidad a través de oración y confesión personal.

• Santiago 5:16: *"Confesaos vuestras ofensas unos a otros, y orad unos por otros, para que seáis sanados. La oración eficaz del justo puede mucho"*.

2. Podemos recibir sanidad a través de la imposición de manos.

• Marcos 16:17–18: *"Y estas señales seguirán a los que creen: En mi nombre echarán fuera demonios; hablarán nuevas lenguas; 18 tomarán en las manos serpientes, y si bebieren cosa mortífera, no les hará daño; sobre los enfermos pondrán sus manos, y sanarán"*.

• Hechos 9:17: *"Fue entonces Ananías y entró en la casa, y poniendo sobre él las manos, dijo: Hermano Saulo, el Señor Jesús, que se te apareció en el camino por donde venías, me ha enviado para que recibas la vista y seas lleno del Espíritu Santo"*.

3. Podemos recibir sanidad a través de la oración de los ancianos.

• Santiago 5:14–15: *"¿Está alguno enfermo entre vosotros? Llame a los ancianos de la iglesia, y oren por él, ungiéndole con aceite en el nombre del Señor. 15 Y la oración de fe salvará al enfermo, y el Señor lo levantará; y si hubiere cometido pecados, le serán perdonados".*

4. Podemos recibir sanidad en la Presencia del Señor, adorando y alabando.

• 1 Samuel 16:23: *"Y cuando el espíritu malo de parte de Dios venía sobre Saúl, David tomaba el arpa y tocaba con su mano; y Saúl tenía alivio, y estaba mejor, y el espíritu malo se apartaba de él".*

• Salmos 32:7: *"Tú eres mi refugio; me guardarás de la angustia; Con cánticos de liberación me rodearás".*

¿Cómo podemos impedir nuestra sanidad?

1. Podemos impedir nuestra sanidad por dudar.

• Marcos 6:5–6: *"Y no pudo hacer allí ningún milagro, salvo que sanó a unos pocos enfermos, poniendo sobre ellos las manos. 6 Y estaba asombrado de la incredulidad de ellos. Y recorría las aldeas de alrededor, enseñando".*

2. Podemos impedir nuestra incredulidad por pecados sin confesar.

• Salmos 66:18: *"Si en mi corazón hubiese yo mirado a la iniquidad, El Señor no me habría escuchado".*

• Proverbios 15:29: *"Jehová está lejos de los impíos; Pero él oye la oración de los justos".*

• Isaías 59:2: *"Pero vuestras iniquidades han hecho división entre vosotros y vuestro Dios, y vuestros pecados han hecho ocultar de vosotros su rostro para no oír".*

3. Podemos impedir nuestra sanidad por amargura y falta de perdón.

• Proverbios 11:17: *"A su alma hace bien el hombre misericordioso; Más el cruel se atormenta a sí mismo".*

• Mateo 6:15: *"Más si no perdonáis a los hombres sus ofensas, tampoco vuestro Padre os perdonará vuestras ofensas".*

¿Cómo se puede retrasar la manifestación de nuestra sanidad?

1. La sanidad puede retrasarse para enseñarnos paciencia y entendimiento de Dios.

• Romanos 5:3–4: *"Y no solo esto, sino que también nos gloriamos en las tribulaciones, sabiendo que la tribulación produce paciencia; 4 y la paciencia, prueba; y la prueba, esperanza".*

• Santiago 1:2–3: *"Hermanos míos, tened por sumo gozo cuando os halléis en diversas pruebas, 3 sabiendo que la prueba de vuestra fe produce paciencia"*

2. La sanidad puede retrasarse para cumplir algún propósito de Dios.

• 2 Corintios 12:9: *"Y me ha dicho: Bástate mi gracia; porque mi poder se perfecciona en la debilidad. Por tanto, de buena gana me gloriaré más bien en mis debilidades, para que repose sobre mí el poder de Cristo".*

• 1 Pedro 4:19: *"De modo que los que padecen según la voluntad de Dios, encomienden sus almas al fiel Creador, y hagan el bien".*

• 1 Pedro 5:10: *"Más el Dios de toda gracia, que nos llamó a su gloria eterna en Jesucristo, después que hayáis padecido un poco de tiempo, él mismo os perfeccione, afirme, fortalezca y establezca"*

26

La Exaltación de Cristo

De la Cruz al Trono, del Trono al Reino

Isaías 52:13 es parte del cuadro profético, que abarca desde Isaías 52:13 hasta Isaías 53:12. Este pasaje es uno de los textos proféticos más importantes sobre el Mesías en el Antiguo Testamento, apuntando directamente a Jesucristo y su obra redentora. Así nos pinta el profeta el cuadro de la redención en Isaías 52:13: *"He aquí que mi siervo será prosperado, será engrandecido y exaltado, y será puesto muy en alto"*

Aquí estamos llegando al final del curso acelerado donde hemos estudiado el plan de Dios para restaurar la relación de Él con la humanidad. Jesús el Cristo, Hijo de Dios, Siervo de Jehová, ha cumplido con los requisitos para regresarnos a Dios. En la última sección vimos que Jesús fue el siervo perfecto y obediente para cumplir el propósito de Dios. Usted y yo ahora entramos en Su perfecta fe y obediencia al Padre.

Ahora que ha completado la misión del Padre establecerá Su Reino, compuesto de aquellos que han reconocido Su gran obra de redención. A través de la vida, muerte, resurrección y ascensión de Jesucristo, ahora tenemos el poder para ser todo lo que Dios nos creó para ser.

Cuando hablamos de la exaltación de Cristo, estamos hablando de todo lo que ocurrió después de Su crucifixión;

- Su descenso al infierno

- Su resurrección al tercer día

- Su ascensión al cielo y sentarse a la diestra del Padre

- Su regreso para juzgar a vivos y muertos

Mientras vemos estos últimos puntos tenga la siguiente Escritura en mente.

- Filipenses 2:5–11: *"Haya, pues, en vosotros este sentir que hubo también en Cristo Jesús, 6 el cual, siendo en forma de Dios, no estimó el ser igual a Dios como cosa a que aferrarse, 7 sino que se despojó a sí mismo, tomando forma de siervo, hecho semejante a los hombres; 8 y estando en la condición de hombre, se humilló a sí mismo, haciéndose obediente hasta la muerte, y muerte de cruz. 9 Por lo cual Dios también le exaltó hasta lo sumo, y le dio un nombre que es sobre todo nombre, 10 para que en el nombre de Jesús se doble toda rodilla de los que están en los cielos, y en la tierra, y debajo de la tierra; 11 y toda lengua confiese que Jesucristo es el Señor, para gloria de Dios Padre".*

¿Qué enseñan las Escrituras acerca de que Cristo descendió al infierno?

1. Jesús, después de Su crucifixión, fue a predicarles a los espíritus de los muertos y que yacían en el Hades. Sé les dio la oportunidad de aceptar a Cristo e ir a la presencia de Dios.

- 1 Pedro 3:18–19: *"Porque también Cristo padeció una sola vez por los pecados, el justo por los injustos, para llevarnos a Dios, siendo a la verdad muerto en la carne, pero vivificado en espíritu; 19 en el cual también fue y predicó a los espíritus encarcelados".*

• 1 Pedro 4:6: *"Porque por esto también ha sido predicado el evangelio a los muertos, para que sean juzgados en carne según los hombres, pero vivan en espíritu según Dios".*

2. Jesús predico a aquellos en el Hades para que e evangelio fuese predicado en todas partes, y así Él pudiera llenarlo todo.

• Efesios 4:8–10: *"Por lo cual dice: Subiendo a lo alto, llevó cautiva la cautividad, Y dio dones a los hombres. 9 Y eso de que subió, ¿qué es, sino que también había descendido primero a las partes más bajas de la tierra? 10 El que descendió, es el mismo que también subió por encima de todos los cielos para llenarlo todo".*

¿Cuál es el significado de la resurrección de Cristo?

1. Las Escrituras nos enseñan que tres días después de la muerte de Jesús, Él fue levantado de los muertos.

• Marcos 8:31: *"Y comenzó a enseñarles que le era necesario al Hijo del Hombre padecer mucho, y ser desechado por los ancianos, por los principales sacerdotes y por los escribas, y ser muerto, y resucitar después de tres días".*

• Hechos 10:39–40: *"Y nosotros somos testigos de todas las cosas que Jesús hizo en la tierra de Judea y en Jerusalén; a quien mataron colgándole en un madero. 40 A éste levantó Dios al tercer día, e hizo que se manifestase".*

2. Las Escrituras enseñan que Cristo resucitó con un cuerpo glorificado, libre de la corrupción heredada de Adán, siendo las primicias de los muertos.

• 1 Corintios 15:20–21: *"Mas ahora Cristo ha resucitado de los muertos; primicias de los que durmieron es hecho. 21 Porque por cuanto la muerte entró por un hombre, también por un hombre la resurrección de los muertos".*

• 1 Corintios 15:22: *"Porque así como en Adán todos mueren, también en Cristo todos serán vivificados".*

• 1 Corintios 15:40–42: *"Y hay cuerpos celestiales, y cuerpos terrenales; pero una es la gloria de los celestiales, y otra la de los terrenales. 41 Una es la gloria del sol, otra la gloria de la luna, y otra la gloria de las estrellas, pues una estrella es diferente de otra en gloria. 42 Así también es la resurrección de los muertos. Se siembra en corrupción, resucitará en incorrupción".*

¿Qué nos asegura la resurrección de Cristo?

1. Que Jesucristo es el Hijo de Dios.

• Hechos 13:33: *"La cual Dios ha cumplido a los hijos de ellos, a nosotros, resucitando a Jesús; como está escrito también en el salmo segundo: Mi hijo eres tú, yo te he engendrado hoy".*

• Romanos 1:4: *"Que fue declarado Hijo de Dios con poder, según el Espíritu de santidad, por la resurrección de entre los muertos".*

2. Que todo lo hablado por Jesús era cierto.

• Juan 2:19–22: *"Respondió Jesús y les dijo: Destruid este templo, y en tres días lo levantaré. 20 Dijeron luego los judíos: En cuarenta y seis años fue edificado este templo, ¿y tú en tres días lo levantarás? 21 Mas él hablaba del templo de su cuerpo. 22 Por tanto, cuando resucitó de entre los muertos, sus discípulos se acordaron que había dicho esto; y creyeron la Escritura y la palabra que Jesús había dicho".*

3. Que Dios Padre aprobó la redención y el sacrificio de Su Hijo.

• Romanos 4:24–25: *"Sino también con respecto a nosotros a quienes ha de ser contada, esto es, a los que creemos en el que levantó de los muertos a Jesús, Señor nuestro, 25 el cual fue entregado por nuestras transgresiones, y resucitado para nuestra justificación".*

4. Que los creyentes en Cristo tenemos la esperanza de la vida eterna.

• 1 Pedro 1:3: *"Bendito el Dios y Padre de nuestro Señor Jesucristo, que según su grande misericordia nos hizo renacer para una esperanza viva, por la resurrección de Jesucristo de los muertos".*

5. Que los creyentes recibiremos un cuerpo perfecto e incorruptible como el de Jesucristo.

• 1 Corintios 15:42–44: *"Así también es la resurrección de los muertos. Se siembra en corrupción, resucitará en incorrupción. 43 Se siembra en deshonra, resucitará en gloria; se siembra en debilidad, resucitará en poder. 44 Se siembra cuerpo animal, resucitará cuerpo espiritual. Hay cuerpo animal, y hay cuerpo espiritual".*

• Filipenses 3:20–21: *"Mas nuestra ciudadanía está en los cielos, de donde también esperamos al Salvador, al Señor Jesucristo; 21 el cual transformará el cuerpo de la humillación nuestra, para que sea semejante al cuerpo de la gloria suya, por el poder con el cual puede también sujetar a sí mismo todas las cosas".*

¿Cuál es el significado de la ascensión de Cristo?

1. Es significativa porque nos dirige a la Gloria de Dios.

• Juan 17:24: *"Padre, aquellos que me has dado, quiero que donde yo estoy, también ellos estén conmigo, para que vean mi gloria que me has dado; porque me has amado desde antes de la fundación del mundo".*

• Hebreos 2:10: *"Porque convenía a aquel por cuya causa son todas las cosas, y por quien todas las cosas subsisten, que habiendo de llevar muchos hijos a la gloria, perfeccionase por aflicciones al autor de la salvación de ellos".*

• Hebreos 6:20: *"Donde Jesús entró por nosotros como precursor, hecho sumo sacerdote para siempre según el orden de Melquisedec".*

2. Es significativa, pues Él recibió todo honor y gloria, sentado a la diestra del Padre, lugar de autoridad suprema y poder.

• Mateo 26:64: *"Jesús le dijo: Tú lo has dicho; y además os digo, que desde ahora veréis al Hijo del Hombre sentado a la diestra del poder de Dios, y viniendo en las nubes del cielo".*

• Mateo 28:18: *"Y Jesús se acercó y les habló diciendo: Toda potestad me es dada en el cielo y en la tierra".*

• Colosenses 2:10: *"Y vosotros estáis completos en él, que es la cabeza de todo principado y potestad".*

3. Su ascensión a la diestra de Dios significa que toda autoridad ha sido puesta debajo de sus pies.

• Salmos 110:1: *"Jehová dijo a mi Señor: Siéntate a mi diestra, Hasta que ponga a tus enemigos por estrado de tus pies".*

• Efesios 1:20–23: *"La cual operó en Cristo, resucitándole de los muertos y sentándole a su diestra en los lugares celestiales, 21 sobre todo principado y autoridad y poder y señorío, y sobre todo nombre que se nombra, no sólo en este siglo, sino también en el venidero; 22 y sometió todas las cosas bajo sus pies, y lo dio por cabeza sobre todas las cosas a la iglesia, 23 la cual es su cuerpo, la plenitud de Aquel que todo lo llena en todo".*

• Filipenses 2:9–11: *"Por lo cual Dios también le exaltó hasta lo sumo, y le dio un nombre que es sobre todo nombre, 10 para que en el nombre de Jesús se doble toda rodilla de los que están en los cielos, y en la tierra, y debajo de la tierra; 11 y toda lengua confiese que Jesucristo es el Señor, para gloria de Dios Padre".*

• 1 Pedro 3:22: *"Quien habiendo subido al cielo está a la diestra de Dios; y a él están sujetos ángeles, autoridades y potestades".*

4. Nos da esperanza de vivir eternamente en un lugar que Él nos preparó.

• Juan 13:36: *"Le dijo Simón Pedro: Señor, ¿a dónde vas? Jesús le respondió: A donde yo voy, no me puedes seguir ahora; más me seguirás después".*

• Juan 17:24: *"Padre, aquellos que me has dado, quiero que donde yo estoy, también ellos estén conmigo, para que vean mi gloria que me has dado; porque me has amado desde antes de la fundación del mundo".*

5. Nos asegura de que gobernaremos y reinaremos con Él.

• Efesios 2:5–7: *"Aun estando nosotros muertos en pecados, nos dio vida juntamente con Cristo (por gracia sois salvos), 6 y juntamente con él nos resucitó, y asimismo nos hizo sentar en los lugares celestiales con Cristo Jesús, 7 para mostrar en los siglos venideros las abundantes riquezas de su gracia en su bondad para con nosotros en Cristo Jesús".*

6. Provee para que tengamos el enfoque en el trono de Dios y no en las circunstancias de nuestra vida terrenal.

• Romanos 8:6: *"Porque el ocuparse de la carne es muerte, pero el ocuparse del Espíritu es vida y paz".*

• 2 Corintios 4:18: *"No mirando nosotros las cosas que se ven, sino las que no se ven; pues las cosas que se ven son temporales, pero las que no se ven son eternas".*

• Filipenses 3:20–21: *"Mas nuestra ciudadanía está en los cielos, de donde también esperamos al Salvador, al Señor Jesucristo; 21 el cual transformará el cuerpo de la humillación nuestra, para que sea semejante al cuerpo de la gloria suya, por el poder con el cual puede también sujetar a sí mismo todas las cosas".*

• Colosenses 3:1–2: *"Si, pues, habéis resucitado con Cristo, buscad las cosas de arriba, donde está Cristo sentado a la diestra de Dios. 2 Poned la mira en las cosas de arriba, no en las de la tierra".*

¿Cómo y cuándo será el regreso de Cristo a la tierra?

1. Cristo regresará a la tierra en la misma gloria con la que ascendió a los cielos.

• Mateo 16:27: *"Porque el Hijo del Hombre vendrá en la gloria de su Padre con sus ángeles, y entonces pagará a cada uno conforme a sus obras".*

• Hechos 1:10–11: *"Y estando ellos con los ojos puestos en el cielo, entre tanto que él se iba, he aquí se pusieron junto a ellos dos varones con vestiduras blancas, 11 los cuales también les dijeron: Varones galileos, ¿por qué estáis mirando al cielo? Este mismo Jesús, que ha sido tomado de vosotros al cielo, así vendrá como le habéis visto ir al cielo".*

2. Cristo regresará a la tierra en justo juicio para vivos y muertos.

• Hechos 17:30–31: *"Pero Dios, habiendo pasado por alto los tiempos de esta ignorancia, ahora manda a todos los hombres en todo lugar, que se arrepientan; 31 por cuanto ha establecido un día en el cual juzgará al mundo con justicia, por aquel varón a quien designó, dando fe a todos con haberle levantado de los muertos".*

3. Cristo regresará a la tierra en un tiempo que solo Dios sabe. Nos toca a nosotros estar listos para Su regreso.

• Mateo 25:13: *"Velad, pues, porque no sabéis el día ni la hora en que el Hijo del Hombre ha de venir".*

• 2 Pedro 3:10: *"Pero el día del Señor vendrá como ladrón en la noche; en el cual los cielos pasarán con grande estruendo, y los elementos ardiendo serán deshechos, y la tierra y las obras que en ella hay serán quemadas".*

27

Jesucristo y el Reino de Dios

EL GOBIERNO DEL CIELO EN LA TIERRA

¿Qué es el Reino de Dios?

1. Es la realidad presente del gobierno de Dios sobre todo el que se someta a Su Señorío.

• Lucas 17:20–21: *"Preguntado por los fariseos, cuándo había de venir el reino de Dios, les respondió y dijo: El reino de Dios no vendrá con advertencia, 21 ni dirán: Helo aquí, o helo allí; porque he aquí el reino de Dios está entre vosotros".*

• Juan 3:3: *"Respondió Jesús y le dijo: De cierto, de cierto te digo, que el que no naciere de nuevo, no puede ver el reino de Dios".*

• Santiago 2:5: *"Hermanos míos amados, oíd: ¿No ha elegido Dios a los pobres de este mundo, para que sean ricos en fe y herederos del reino que ha prometido a los que le aman?"*

2. Es el ámbito de Su Soberana autoridad y dominio, que sigue expandiéndose hasta que todo se sujete a Jesucristo como Rey.

• Salmos 145:13: *"Tu reino es reino de todos los siglos, Y tu señorío en todas las generaciones".*

• Apocalipsis 11:15: *"El séptimo ángel tocó la trompeta, y hubo grandes voces en el cielo, que decían: Los reinos del mundo han venido a ser de nuestro Señor y de su Cristo; y él reinará por los siglos de los siglos".*

3. Es dirigido por Jesucristo el Rey.

• Mateo 27:11: *"Jesús, pues, estaba en pie delante del gobernador; y este le preguntó, diciendo: ¿Eres tú el Rey de los judíos? Y Jesús le dijo: Tú lo dices".*

• 1 Timoteo 1:17: *"Por tanto, al Rey de los siglos, inmortal, invisible, al único y sabio Dios, sea honor y gloria por los siglos de los siglos. Amén".*

¿Cómo fue anunciado el Reino?

1. Fue anunciado en el Antiguo Testamento.

• Salmos 145:9–13: *"9 Bueno es Jehová para con todos, Y sus misericordias sobre todas sus obras.10 Te alaben, oh Jehová, todas tus obras, Y tus santos te bendigan.11 La gloria de tu reino digan, Y hablen de tu poder, 12 Para hacer saber a los hijos de los hombres sus poderosos hechos, Y la gloria de la magnificencia de su reino. 13 Tu reino es reino de todos los siglos, Y tu señorío en todas las generaciones".*

• Daniel 7:13–14: *"13 Miraba yo en la visión de la noche, y he aquí con las nubes del cielo, venía uno como un hijo de hombre, que vino hasta el Anciano de días, y le hicieron acercarse delante de él. 14 Y le fue dado dominio, gloria y reino, para que todos los pueblos, naciones y lenguas le sirvieran; su dominio es dominio eterno, que nunca pasará, y su reino, uno que no será destruido".*

• Daniel 7:18, 27: *"18 Después recibirán el reino los santos del Altísimo, y poseerán el reino hasta el siglo, eternamente y para siempre.....27 y que el reino, y el dominio y la majestad de los reinos debajo de todo el cielo, sea dado al pueblo de los santos del Altísimo, cuyo reino es reino eterno, y todos los dominios le servirán y obedecerán".*

• Lucas 16:16: *"La ley y los profetas eran hasta Juan; desde entonces el reino de Dios es anunciado, y todos se esfuerzan por entrar en él".*

2. Fue anunciado en el Nuevo Testamento.

• Mateo 3:1–2: *"En aquellos días vino Juan el Bautista predicando en el desierto de Judea, 2 y diciendo: Arrepentíos, porque el reino de los cielos se ha acercado".*

• Marcos 1:14–15: *"...Jesús vino a Galilea predicando el evangelio del reino de Dios, 15 diciendo: El tiempo se ha cumplido, y el reino de Dios se ha acercado; arrepentíos, y creed en el evangelio".*

• Lucas 1:30–33: *"Entonces el ángel le dijo: María, no temas, porque has hallado gracia delante de Dios. 31 Y ahora, concebirás en tu vientre, y darás a luz un hijo, y llamarás su nombre JESÚS. 32 Este será grande, y será llamado Hijo del Altísimo; y el Señor Dios le dará el trono de David, su padre; 33 y reinará sobre la casa de Jacob para siempre, y su reino no tendrá fin".*

¿Cómo Jesús presentó el Reino de Dios?

1. Jesús predicó sobre el Reino de Dios desde el inicio de su ministerio terrenal.

• Marcos 1:14–15: *"Después que Juan fue encarcelado, Jesús vino a Galilea predicando el evangelio del reino de Dios, 15 diciendo: El tiempo se ha cumplido, y el reino de Dios se ha acercado; arrepentíos, y creed en el evangelio".*

• Lucas 4:43–44: *"Pero él les dijo: Es necesario que también a otras ciudades anuncie el evangelio del reino de Dios; porque para esto he sido enviado. 44 Y predicaba en las sinagogas de Galilea".*

2. Jesús enseñó que el Reino llegó como una realidad presente, no solo una esperanza futura; las profecías sobre el Reino se cumplieron en Él.

• Mateo 4:17, 23: *"17 Desde entonces comenzó Jesús a predicar, y a decir: Arrepentíos, porque el reino de los cielos se ha acercado...23 Y recorrió Jesús toda Galilea, enseñando en las sinagogas de ellos, y predicando el evangelio del reino, y sanando toda enfermedad y toda dolencia en el pueblo".*

• Lucas 4:18–21: *"El Espíritu del Señor está sobre mí, Por cuanto me ha ungido para dar buenas nuevas a los pobres; Me ha enviado a sanar a los quebrantados de corazón; A pregonar libertad a los cautivos, Y vista a los ciegos; A poner en libertad a los oprimidos; 19 A predicar el año agradable del Señor. 20 Y enrollando el libro, lo dio al ministro, y se sentó; y los ojos de todos en la sinagoga estaban fijos en él. 21 Y comenzó a decirles: Hoy se ha cumplido esta Escritura delante de vosotros".*

¿Cómo fue manifestado el Reino de Dios en el Nuevo Testamento?

1. Fue manifestado en el ministerio de Jesucristo.

• Mateo 9:35: *"Recorría Jesús todas las ciudades y aldeas, enseñando en las sinagogas de ellos, y predicando el evangelio del reino, y sanando toda enfermedad y toda dolencia en el pueblo".*

2. Fue manifestado por la autoridad sobre enfermedades y demonios.

• Mateo 10:7–8: *"Y yendo, predicad, diciendo: El reino de los cielos se ha acercado. 8 Sanad enfermos, limpiad leprosos, resucitad muertos, echad fuera demonios; de gracia recibisteis, dad de gracia".*

• Mateo 12:28: *"Pero si yo por el Espíritu de Dios echo fuera los demonios, ciertamente ha llegado a vosotros el reino de Dios".*

• Lucas 9:1–2: *"Habiendo reunido a sus doce discípulos, les dio poder y autoridad sobre todos los demonios, y para sanar enfermedades. 2 Y los envió a predicar el reino de Dios, y a sanar a los enfermos".*

3. Fue manifestado en el derramamiento del Espíritu Santo. La iglesia sé hizo testigo de la realidad del entronamiento de Cristo y de Su Presente gobierno.

• Efesios 4:7–8: *"Pero a cada uno de nosotros fue dada la gracia conforme a la medida del don de Cristo. 8 Por lo cual dice: Subiendo a lo alto, llevó cautiva la cautividad, Y dio dones a los hombres".*

• Hechos 2:1–4: *"Cuando llegó el día de Pentecostés, estaban todos unánimes juntos. 2 Y de repente vino del cielo un estruendo como de un viento recio que soplaba, el cual llenó toda la casa donde estaban sentados; 3 y se les aparecieron lenguas repartidas, como de fuego, asentándose sobre cada uno de ellos. 4 Y fueron todos llenos del Espíritu Santo, y comenzaron a hablar en otras lenguas, según el Espíritu les daba que hablasen".*

• Hechos 2:30-35: *"30 Pero siendo profeta, y sabiendo que con juramento Dios le había jurado que de su descendencia, en cuanto a la carne, levantaría al Cristo para que se sentase en su trono, 31 viéndolo antes, habló de la resurrección de Cristo, que su alma no fue dejada en el Hades, ni su carne vio corrupción. 32 A este Jesús resucitó Dios, de lo cual todos nosotros somos testigos. 33 Así que, exaltado por la diestra de Dios, y habiendo recibido del Padre la promesa del Espíritu Santo, ha derramado esto que vosotros veis y oís. 34 Porque David no subió a los cielos; pero él mismo dice: Dijo el Señor a mi Señor: Siéntate a mi diestra, 35 Hasta que ponga a tus enemigos por estrado de tus pies".*

¿Cómo fue descrito el Reino de Dios?

1. Fue descrito en el sermón del monte y en las Bienaventuranzas que encontramos en Mateo 5. (Lo que debemos ser en el Reino).

• Mateo 5:3–12: *"Bienaventurados los pobres en espíritu, porque de ellos es el reino de los cielos.4 Bienaventurados los que lloran, porque ellos recibirán consolación. 5 Bienaventurados los mansos, porque ellos recibirán la tierra por heredad 6 Bienaventurados los que tienen hambre y sed de justicia, porque ellos serán saciados. 7 Bienaventurados los misericordiosos, porque ellos alcanzarán misericordia. 8 Bienaventurados los de limpio corazón, porque ellos verán a Dios. 9 Bienaventurados los pacificadores, porque ellos serán llamados hijos de Dios. 10 Bienaventurados los que padecen persecución por causa de la justicia, porque de ellos es el reino de los cielos. 11 Bienaventurados sois cuando por mi causa os vituperen y os persigan, y digan toda clase de mal contra vosotros, mintiendo. 12 Gozaos y alegraos, porque vuestro galardón es grande en los cielos; porque así persiguieron a los profetas que fueron antes de vosotros".*

2. Es descrito en las parábolas de Jesús.

• Marcos 4:30-34 *"Decía también: ¿A qué haremos semejante el reino de Dios, o con qué parábola lo compararemos? 31 Es como el grano de mostaza, que cuando se siembra en tierra, es la más pequeña de todas las semillas que hay en la tierra; 32, pero después de sembrado, crece, y se hace la mayor de todas las hortalizas, y echa grandes ramas, de tal manera que las aves del cielo pueden morar bajo su sombra. 33 Con muchas parábolas como estas les hablaba la palabra, conforme a lo que podían oír. 34 Y sin parábolas no les hablaba; aunque a sus discípulos en particular les declaraba todo".*

¿Cómo entramos al Reino de Dios?

1. Confiando en Jesucristo como Señor y Salvador. Los llamados al Reino son la *"ekklesia"*, la iglesia. La iglesia es la comunidad de aquellos que respondieron al llamado de Dios al Reino.

• Hechos 2:47: *"Alabando a Dios, y teniendo favor con todo el pueblo. Y el Señor añadía cada día a la iglesia los que habían de ser salvos".*

2. Obedeciendo al Rey, Jesucristo.

• Mateo 7:21: *"No todo el que me dice: Señor, Señor, entrará en el reino de los cielos, sino el que hace la voluntad de mi Padre que está en los cielos".*

• Mateo 11:12: *"Desde los días de Juan el Bautista hasta ahora, el reino de los cielos sufre violencia, y los violentos lo arrebatan".*

28

Una Última Palabra Sobre la Iglesia de Jesucristo

CONCLUSIÓN

La iglesia de Jesucristo es la comunidad de aquellos que han entrado al Reino de Dios. La iglesia no es el Reino, pero todos los que son parte de la iglesia están en el Reino. En la iglesia podemos ver todos los temas principales del esfuerzo redentivo de Dios. La iglesia es el ejemplo máximo del *"remanente"* del cual hablamos al principio. Ellos son aquellos en quienes las promesas de Dios fueron transportadas. Sí, todavía no has entrado al Reino de Dios a través de la fe en Jesucristo, ahora es el momento.

Ora esta oración desde lo profundo de tu ser:

"Señor, yo sé que soy un pecador, desesperadamente perdido e incapaz de vivir para ti en mis propios esfuerzos y fuerzas. Deseo de corazón entrar a Tu Reino a través del sacrificio que Tú mismo propiciaste (hiciste) por mí. Creó que Tú puedes hacer todo lo que yo no puedo hacer.

Reconozco a Jesucristo como mi Señor y Salvador, así como el Rey de mi vida. Te pido que me llenes con tu Espíritu Santo y me ayudes a vivir una relación íntima con tu persona en fe y obediencia a Jesucristo, mi Señor, mi Salvador, y mi Dios. ¡AMÉN!"

En conclusión, la Iglesia de Jesucristo es más que una simple congregación; es la comunidad viva de aquellos que han respondido al llamado del Reino de Dios, viviendo bajo Su señorío y abrazando las promesas de la redención. Aunque la Iglesia no es el Reino en sí, refleja y manifiesta el Reino en la tierra, siendo el remanente fiel que lleva consigo las promesas de Dios.

Si has hecho la oración de confesión de pecados y salvación, ¡felicitaciones! Hoy has dado el paso más importante de tu vida: has sido recibido en el Reino de Dios, y ahora eres parte de Su familia eterna. A partir de este momento, tu vida ya no es la misma; caminas bajo el amor, el perdón y la gracia de Jesucristo. Que el Espíritu Santo te llene de fuerza, paz y gozo mientras inicias este nuevo camino de fe y obediencia. ¡Bienvenido a la familia de Dios!

29

Preguntas de Estudio

REFLEXIONA Y PROFUNDIZA EN TU CONOCIMIENTO

1. Lee el pasaje a continuación y contesta las próximas dos (2) preguntas:

Hebreos 4:15–16 (RVR60): *"Porque no tenemos un sumo sacerdote que no pueda compadecerse de nuestras debilidades, sino uno que fue tentado en todo según nuestra semejanza, pero sin pecado. 16 Acerquémonos, pues, confiadamente al trono de la gracia, para alcanzar misericordia y hallar gracia para el oportuno socorro".*

• Mientras lees, Cristo está intercediendo por ti delante del trono de la gracia. **¿Cómo afecta esta verdad sobre tu vida y dinámica de oración y tu actitud hacia las adversidades?**

____

____

- **¿Qué garantiza que puedas seguir adelante?**

____

____

2. ¿Qué dice el Salmo 22 acerca del sufrimiento y humillación de Cristo?

____

____

3. Según el Salmo 22, ¿Cómo debía ser la fe y obediencia de Cristo?

____

____

4. ¿Cómo debería ser nuestra fe y nuestra obediencia?

____

____

5. Lee el pasaje a continuación y contesta las próximas tres (3) preguntas:

2 Corintios 12:9 (RVR60): *"Y me ha dicho: Bástate mi gracia; porque mi poder se perfecciona en la debilidad. Por tanto, de buena gana me gloriaré más bien en mis debilidades, para que repose sobre mí el poder de Cristo".*

- **¿Cuál fie la actitud de Pablo ante la adversidad, pues parecía que no sanaba de ellas?**

____

____

- **¿Cuándo el poder de Dios se manifestaba en Pablo de acuerdo a este versículo?**

____

____

- **¿Crees que necesitamos más fe cuando sanamos o cuando no sanamos? ¿Por qué?**

____

____

30

Acerca del Autor

DR JAVIER FIGUEROA

Nació en Puerto Rico y, desde joven, dedicó su vida al servicio espiritual y ministerial. Junto a su esposa, Roselind, ha trabajado incansablemente en la difusión del mensaje de amor y esperanza. Es autor de varios libros enfocados en el crecimiento espiritual y en el desarrollo personal. Su legado y pasión se distingue por su compromiso con la fe y su dedicación de buscar mejorar la vida de los demás.

www.ingramcontent.com/pod-product-compliance
Lightning Source LLC
LaVergne TN
LVHW010548160826
845677LV00013B/3043

* 9 7 9 8 8 9 5 8 9 7 1 7 1 *